FREE STYLE SCRAPS ⑬
FRAME/LINE

Copyright © 2006 4D2A

Published by   BNN, Inc.
                        1F 35 Sankyo Bldg., 3-7-2, Irifune
                        Chuo-ku, Tokyo 104-0042 Japan
                        info@bnn.co.jp
                        www.bnn.co.jp

Edited & Designed by   4D2A

Translated by   R.I.C. Publication Asia Co., Inc.

ISBN 4-86100-434-9

Printed in Japan by Shinano, Ltd.

商標および登録商標
・Adobe Photoshop および Adobe Illustrator は、Adobe System Incorporated（ア
ドビシステムズ社）の米国およびその他の国々の商標または登録商標です。
・Mac および Macintosh は、Apple Computer, Inc.（アップルコンピュータ社）
の米国およびその他の国々の商標または登録商標です。
・Windows は Microsoft Corporation（マイクロソフト社）の米国およびその
他の国々の商標または登録商標です。

1. ライセンス

1) 株式会社ビー・エヌ・エヌ新社（以下「弊社」という。）は、本製品を購入され、本ライセンス契約書記載の条件に合意されたお客様（以下「ユーザー」という。）に対し、本ソフトウェアを同時に1台のコンピュータ上でのみ使用できる、譲渡不能の非独占的権利を許諾します。

2) ユーザーは、2の「制限事由」に該当する場合を除き、本ソフトウェアに含まれる素材を加工・編集し、もしくは他の素材と組み合わせるなどして、主に以下のデザインに使用することができます。

○ WEB などのデジタルメディア ○店舗の内装、案内表示などのグラフィックツール ○印刷物として頒布するチラシ、フライヤー、ポスター、DM、カタログ、パンフレットなどの広告・販売促進ツール ○個人制作・個人利用の雑貨、服、グリーティングカード、名刺など

(個人的・職業的・商業的用途の利用を認めますが、いずれも非売品のデザインに限ります。個人においても素材を利用した制作物の販売は行えません。また、書籍や雑誌など売品の印刷メディアに素材を利用する場合は、使用の範囲によって別途料金が発生する場合があります。右記連絡先までお問い合わせください。MAIL : info@4d2a.com / TEL : 03-3770-2807 / FAX : 03-3770-2807)

次の制限事由をよくお読み下さい。

2. 制限事由

以下の行為を禁止します。

1) 本ソフトウェアを1台のコンピュータで使用する為のやむを得ぬ場合を除き、本ソフトウェアを複製すること

2) 本ライセンス契約書に基づくライセンスを他に譲渡し、本製品の貸与もしくはその他の方法で本ソフトウェアを他者に使用させること

3) 流通を目的とした商品のデザインに素材を利用すること

4) 著作権者に無断で、書籍や雑誌など売品の印刷メディアに素材を利用すること

5) 素材を利用してポストカード、名刺、雑貨などの制作販売または制作サービスを行うこと

6) 素材を利用してインターネットによるダウンロードサービスを行うこと（グリーティングカード・サービスを含む）

7) 素材をホームページ上で公開する場合に、オリジナルデータがダウンロード可能となる環境を作ること

8) ソフトウェア製品等を製造・販売するために素材を流用すること

9) 素材そのものや素材を用いた制作物について意匠権などの権利を取得すること

10) 素材を公序良俗に反する目的、誹謗・中傷目的で利用すること

3. 著作権、その他の知的財産権

本ソフトウェアおよび素材に関する著作権、その他の知的財産権は、弊社または弊社への供給者の排他的財産として留保されています。素材を利用した制作物においてユーザーの著作権を明示する場合は、素材の著作権「©4D2A」を併記してください。

4. 責任の制限

弊社および弊社への供給者は、請求原因の如何を問わず、本ソフトウェアの使用または使用の不能および素材の利用から生じるすべての損害や不利益（利益の逸失およびデータの損壊を含む。）につき、一切責任を負わないものとします。

5. 使用許諾の終了

ユーザーが本ライセンス契約書に違反した場合、弊社は、本ライセンス契約書に基づくユーザーのライセンスを終了させることができます。

1. License

1) This License Agreement is a legal agreement between you (the "User"), who purchased the product FREE STYLE SCRAPS 03 FRAME / LINE, and BNN, Inc. ("BNN"), in respect of the attached CD-ROM entitled FREE STYLE SCRAPS 03 FRAME / LINE ("Software"). The User agrees to be bound by the terms of this License Agreement by installing, copying, or using the Software. BNN grants the User the right to use a copy of the Software on one personal computer for the exclusive use of the User.

2) The User may modify, edit, or combine the materials included in the Software except the cases specified in "2. Limitations"; the User has the right to use the Software principally for design of the following objects.

○ Digital media including websites.

○ Graphics for shop interiors, signs, etc.

○ Leaflets, flyers, posters, direct mail, catalogues, pamphlets, and other tools for advertisement or sales promotion.

○ Goods, clothes, greeting cards, name cards and other articles for personal production and use.

 (The Software may be used for personal, professional, and commercial purposes, provided that the articles produced are not offered for sale. If the software is used to design products for distribution including books and magazines, a copyright fee may occur according to the scale of use. You must contact the copyright holder. MAIL : info@4d2a.com / TEL : 03-3770-2807 / FAX : 03-3770-2807)

Please read the following Limitations carefully.

2. Limitations

The User is not licensed to do any of the following:

1) Copy the Software, unless copying it is unavoidable to enable it to be used on one personal computer.

2) License, or otherwise by any means permit, any other person to use the Software.

3) Use the Software to design of products for distribution.

4) Design of products for distribution including books and magazines without asking copyright holder.

5) Use the Software for the commercial production of postcards, name cards, or any other articles, or sell any such articles made using the Software.

6) Provide downloading services using the Software (including greeting card services).

7) Create an environment which allows the original data to be downloaded when you show one of the Software patterns on a home page.

8) Use the Software in order to produce any software or other products for sale.

9) Acquire the copyright in any material in the Software or any object you have created using the Software.

10) Use the Software to create obscene, scandalous, abusive or slanderous works.

3. Copyright and other intellectual property

BNN or its suppliers reserves the copyright and other intellectual property rights in the Software. When specifying the User's copyright of a product made using the Software, please also write "©4D2A".

4. Exclusion of damages

In no event shall BNN be liable for any damages whatsoever (including but not limited to, damages for loss of profit or loss of data) related to the use or inability to use of the Software or use of materials in the Software.

5. Termination of this License Agreement

If the User breaches this License Agreement, BNN has the right to withdraw the User's License granted on the basis hereof.

CD-ROM をご使用になる前に

○注意すること

●必ず P.002 のライセンス契約書をお読みください。
● Mac OS X（10.4.8）、Adobe Photoshop CS2、Adobe Illustrator CS2、Windows XP で動作確認済みですが、環境が異なる場合や、操作方法が分からないときは、OS やソフトウェアに則した、お手持ちの説明書をお読みください。

○準備

まずは CD-ROM をセットして、「FSS_03」フォルダを開きます。必要なデータをピックアップし、デスクトップにコピーしましょう。「FSS_03」フォルダには「JPEG」と「EPS」という 2 つのフォルダが入っています。

○データの種類

掲載したすべてのイラストレーションは、それぞれ JPEG と EPS の 2 つの形式でファイルを用意しています。（データはすべてモノクロになっています。EPS ファイルは、Illustrator のバージョン 8.0 で保存しています。）

JPEG

JPEG ファイルとして収録したのは、350dpi（商業印刷に耐え得る解像度）に設定したときに、掲載サイズと等倍の印刷面積を持つビットマップ画像。「Adobe Photoshop」をはじめとするビットマップ系のソフトウェアで編集できるほか、多くのソフトウェアで扱うことが可能です。

EPS

EPS ファイルとして収録したのは、拡大縮小を行っても画質が劣化しない、ベクトル画像。ドロー系のソフトウェア「Adobe Illustrator」でファイルを開くと、自由にカスタマイズできます。（ビットマップ系のソフトウェア「Adobe Photoshop」で開くと、「ラスタライズ」という工程を経て、ビットマップイメージに展開します。）

○データの見つけ方

JPEG データは、下の図のようにページごとにナンバリングされています。（たとえば 020 ページの場合「p020_1.jpg」「p020_2.jpg」「p020_3.jpg」「p020_4.jpg」「p020_5.jpg」「p020_6.jpg」「p020_7.jpg」、021 ページ の 場合「p021_1.jpg」「p021_2.jpg」「p021_3.jpg」「p021_4.jpg」「p021_5.jpg」「p021_6.jpg」 と い う ファイル名で収録されています。）EPS データは見開き単位で 1 ファイルとなっています。（たとえば 020 ページと 021 ページの見開きの場合「p020_021.eps」というファイル名で収録されています。）

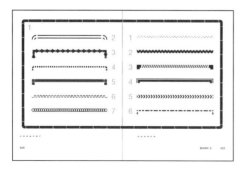

Before you start using the CD-ROM

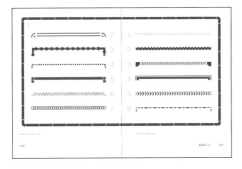

データの使い方

■ Word でパーツを挿入する

「挿入」メニューから「図」→「ファイルから」を選択し、使いたい JPEG ファイルを選んで「挿入」ボタンを押します。一部のフレームを除き、ほとんどのデータは自由に組み立てられるよう、細かいパーツごとに収録しています。自由にパーツを組み立てて、オリジナルのフレーム / ラインを作成できます。

■ Word でパーツを自由に移動させる

挿入した図をクリックして選択し、「書式設定」から「図」を選んで「図の書式設定」ウィンドウを開きます。「レイアウト」タブをクリックして「全面」を選択し「OK」を押しましょう。これで、行とは関係なく書類上を自由に移動させられます。

■ Word で白地を透明にする

背景に色が設定されている場合は、パーツの白地を透明にすることができます。「設定パレット」の「図」に「透明色」のボタンがあるので、クリックします。マウスポインタのマークが変わるので、それで白い部分をポイントし、透明にします。

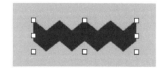
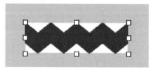

■ Word でパーツを並べる

option を押しながらパーツを選んで、並べたい距離だけ水平にドラッグし、これを繰り返します。

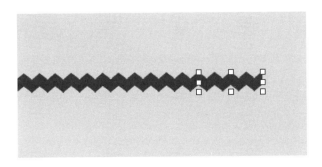

■ Photoshop でパーツを並べる

option を押しながら移動ツールでパーツを選んで、並べたい距離だけ水平にドラッグし、これを繰り返します。

EPS データを使う

Illustrator でデータを開く

「ファイル」メニューから「開く」を選択し、使いたい EPS ファイルを開きます。p.060-061, p.096-097, p.112-115, p.194-197, p.200-207 のデータはフレームごと、他のページのデータは自由に組み立てられるよう、細かいパーツごとにグループ化して、収録しています。グループを解除して、色を付けたり、細かいアレンジを施したり、パーツを組み立て直すことも可能です。

■ Illustrator でパーツを並べる

ブラシを使わずに、パーツを等間隔に並べる方法です。

①まず、使いたい1パーツを選択し、「編集」メニューから「コピー」を選びます。次に、「ファイル」メニューから「新規」で空白のドキュメントを作成し（もしくは、ラインを配置したいドキュメントを開き）、「編集」メニューから「ペースト」を選んでパーツをペーストします。

②次に、ペーストしたパーツを選び、「編集」メニューから「コピー」を選び、さらに「前面へペースト」を選びます。前面へペーストしたパーツを選んで、Shift を押しながら並べたい距離だけ水平にドラッグします。

③選択を解除しないまま、「オブジェクト」メニューから「変形」→「移動」を選択すると、「移動」ウィンドウが表示されます。さきほど動かした距離が記憶されているので、何も入力せず「コピー」を押しましょう。あとは、「オブジェクト」メニューから「変形」→「変形の繰り返し」（⌘（コマンド）＋D）で、好きなだけつなげます。

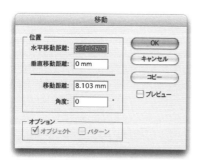

■ Illustrator で散布ブラシに登録してラインを描く

パーツを「散布ブラシ」に登録して、簡単にラインを描きます。

❶ まず、使いたい1パーツを選択し、「編集」メニューから「コピー」を選びます。次に、「ファイル」メニューから「新規」で空白のドキュメントを作成し（もしくは、ラインを配置したいドキュメントを開き）、「編集」メニューから「ペースト」を選んでパーツをペーストします。

❷ 次に、「ブラシ」パレットを表示させ、ペーストしたパーツを中にドラッグ＆ドロップします。「新規ブラシ」パレットが現れたら、「新規散布ブラシ」を選んで「OK」を押します。次に現れる「散布ブラシオプション」で、何も設定を変えず「OK」を押しましょう。パーツが「ブラシ」パレットに登録されました。

❸ ペーストしたパーツは必要なくなるので、選択された状態のまま、「編集」メニューから「消去」を選んで消します。直線ツールやペンツールで線を引いて、登録したブラシをクリックします。

「散布ブラシオプション」の設定を変えると、オリジナルのラインを作ることができます。

How to use the data

■ Insert an object, using Word

Click on the "Insert" menu, select "Picture", then select "From File" to select the JPEG file that you want to use and click the "Insert" button. Except few frames, most of Data are classified finely by object type so that you have coordination features available. Feel free to coordinate these frames and objects to create your original frames and lines.

■ Place and replace an object freely, using Word

Select the object that you've just inserted. Click "Format", select "Picture", and then open the "Format Picture" window. Click the "Layout" tab to select "In front of text" and click "OK". Now you can place and replace the object without disturbing the text layout.

■ Make the white area surrounding the object transparent, using Word

If the background color isn't white, you can make the white area surrounding the object transparent. Click on "Formatting Palette", select "Picture" then click on "Transparent Color". When the cursor changes the shape, click on the white area to make it transparent.

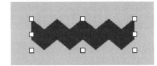
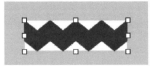

■ Keeping the object in line, using Word

With the "Option" key depressed, click on the object and drag it horizontally as far as you want; this action can be repeated.

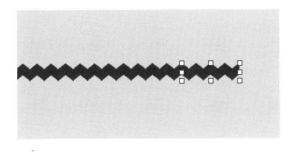

■ Keeping the object in line, using Photoshop

With the "Option" key depressed, select the object with the "Move" tool and drag it horizontally as far as you want; this action can be repeated.

How to use EPS data

▌ Open the data, using Illustrator

Click the "File" menu and select "Open" to open the EPS file that you want to use. The Data in p.060-061, p.096-097, p.112-115, p.194-197, p.200-207 are classified by frame type, and the data in other pages are classified finely by object type so that you have coordination features available. You can re-classify these objects and patterns, put colors on them, reshape and resize to any particular arrangement.

■ Keeping the object in line, using Illustrator

You can keep the objects evenly spaced without using brushes.

❶ Firstly, select the object that you want to use, click the "Edit" menu and select "Copy". Then click on the "File" menu and select "New" to make a blank dartboard or open a document into which you want to place the object . Click the "Edit" menu and select "Paste" to paste the object.

❷ Next, select the object that you've just pasted, click the "Edit" menu, select "Copy" followed by "Paste in front". Select the object that you've just pasted in front and drag it horizontally as far as you want, with the "Shift" key depressed.

❸ With the object selected, click on the "Object" menu, select "Transform" and then select "Move". The "Move" window will pop up. Leave everything as default, as the length of the previous drag has been memorized. Just click the "Copy" button. Click the "Object" menu, select "Transform" and then select "Transform again (Command + D)". This will enable you to make the line as long as you want.

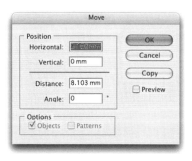

Create a new scatter brush to draw a line

Creating a new scatter brush makes drawing lines easy.

① Firstly, select the object that you want to use. Click the "Edit" menu and select "Copy". Then click the "File" menu and select "New" to make a blank artboard or open the document on which you want to draw a line . Click the "Edit" menu and select "Paste" to paste the object.

② Next, open the "Brush" palette and in the palette "drag & drop" the object that you've just pasted. When the "New Brush" window pops up, select "New Scatter Brush" and click "OK". Then the "Scatter Brush Options" window will open; leave everything as default and click "OK". Your new scatter brush is now on the "Brushes" palette.

③ You no longer need the object that you've pasted, so it can be deleted. With the object selected, click on the "Edit" menu and select "Delete". Draw lines using the "Straight Line" and "Pen" tools, then click on your new brush.

If you change the settings of the "Scatter Brush Options", you can create various original lines.

EXAMPLE

いつでもどこでもデザインやレイアウトがしたい。
これは、そんなあなたのための素材集です。プレゼンテーションやウェブ制作の現場、ビジネス、また生活のさまざまな場面で役立つよう、幅広いテーマから素材を選び、それぞれ1000点以上のイラストレーションを収録しています。また、誰でも簡単に利用できるよう、掲載したイラストレーションのすべてを、付属するCD-ROMに汎用性の高いJPEG形式と、Adobe Illustratorのベジェデータとして扱えるEPS形式で収録しています。

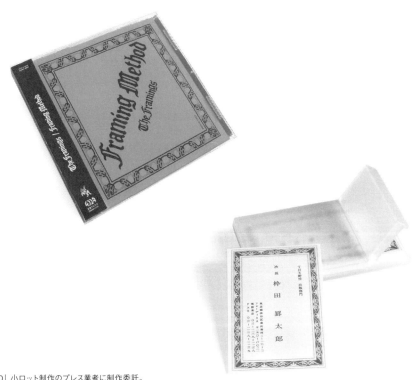

「CD」小ロット制作のプレス業者に制作委託。
「名刺」オンデマンド入稿。中1日で印刷可能。個性的な名刺も作れます。
「書籍や雑誌の枠図版として」誌面の飾りとしても活用できます。
「マフラー」シンプルな幾何学模様の反復によって民族的な模様に。刺繍やテキスタイルにも転用できます。

This book is for you who wants to design anytime, anywhere. It provides efficient, simple, versatile and accessible design materials for you. The materials are categorized by wide range of subjects suitable for multiple-purposes such as presentations, website designs, hobbies etc. There are more than 1000 illustrations per subject. Moreover all the illustrations included can be used as JPEG files or EPS files with bezier curves for Adobe Illustrator in the CD-ROM.

[CD] Order to a CD pressing company in small lots.
[Name Card] On-demand printing. Delivery in two days. Make original name cards.
[Artistic frame for books and magazines] Decorate the pages.
[Scarf] Design folkloric patterns repeating simple geometrical patterns. For use in embroidery and with textiles.

FREE STYLE SCRAPS 03
FRAME / LINE

01　02　03　04　05　06　07

01 02 03 04 05 06

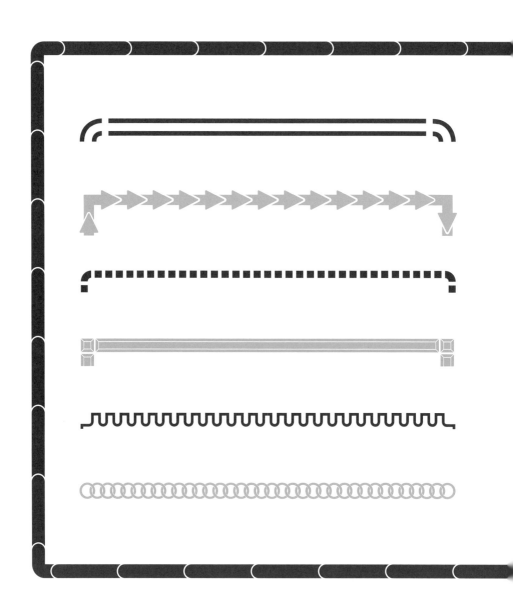

01 02 03 04 05 06 07

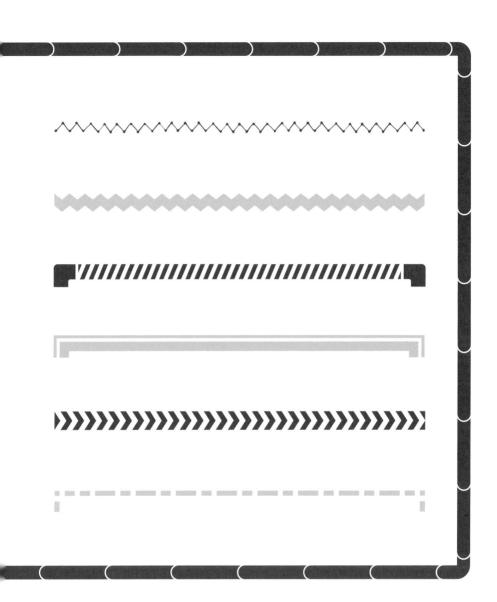

01 02 03 04 05 06

01 02 03 04 05 06 07

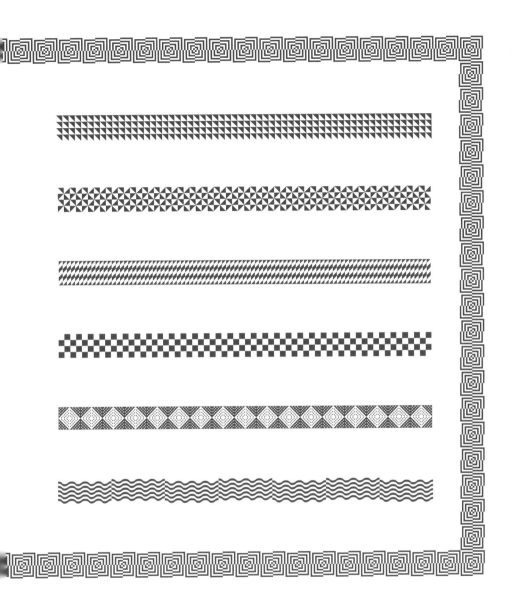

01 02 03 04 05 06

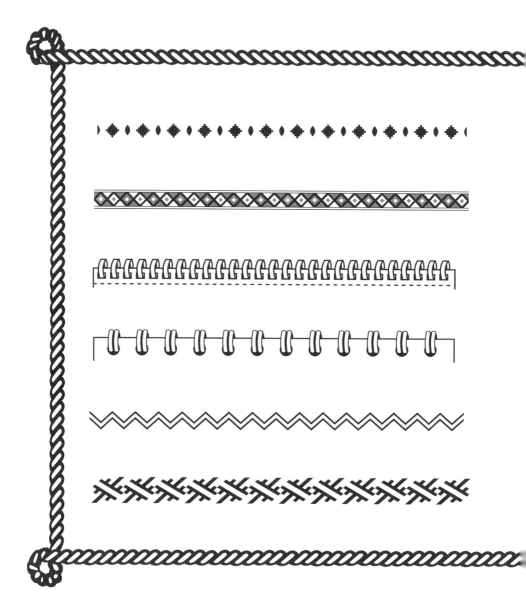

01 02 03 04 05 06 07

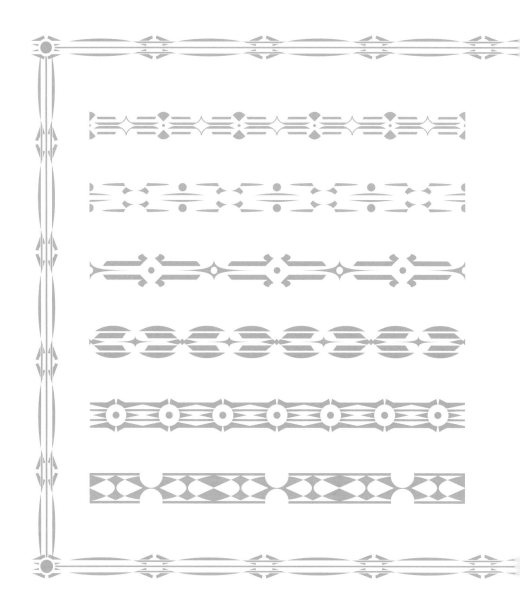

01　02　03　04　05　06　07

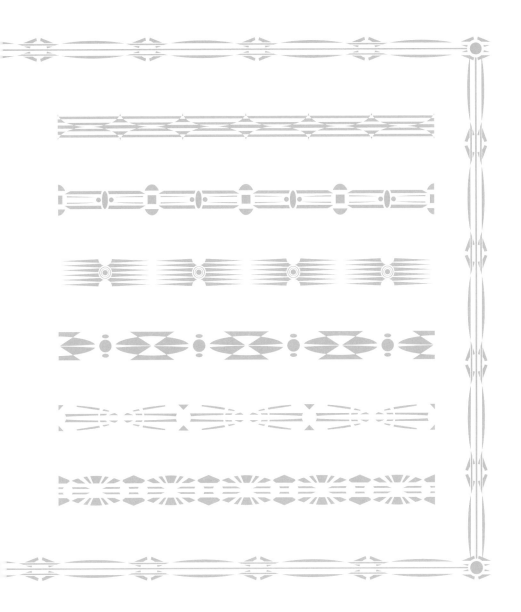

01　02　03　04　05　06

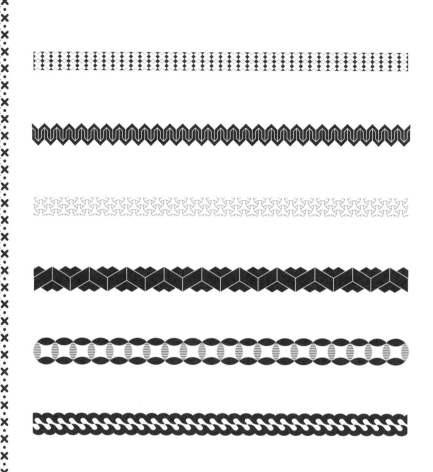

01 02 03 04 05 06 07

01 02 03 04 05 06

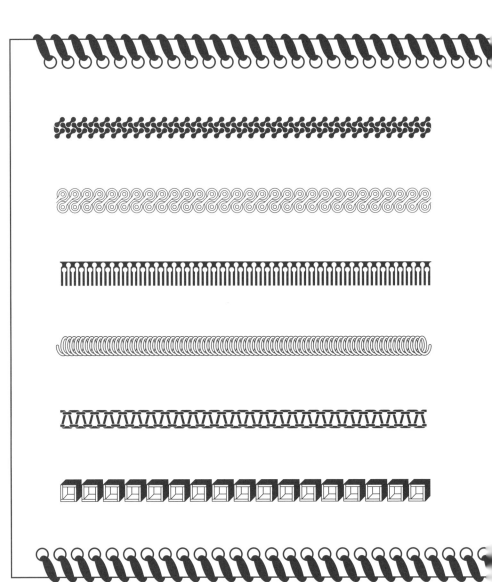

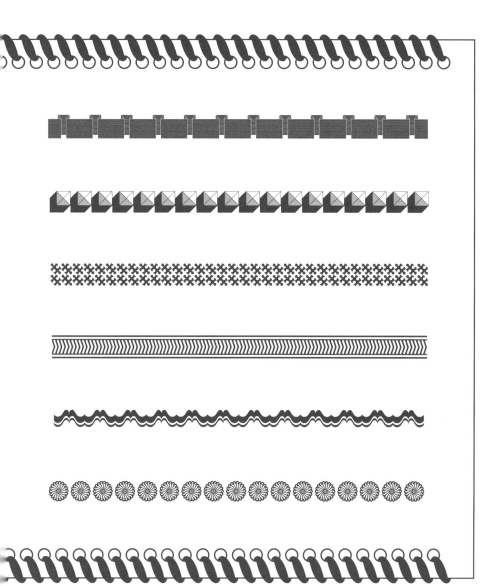

01　02　03　04　05　06

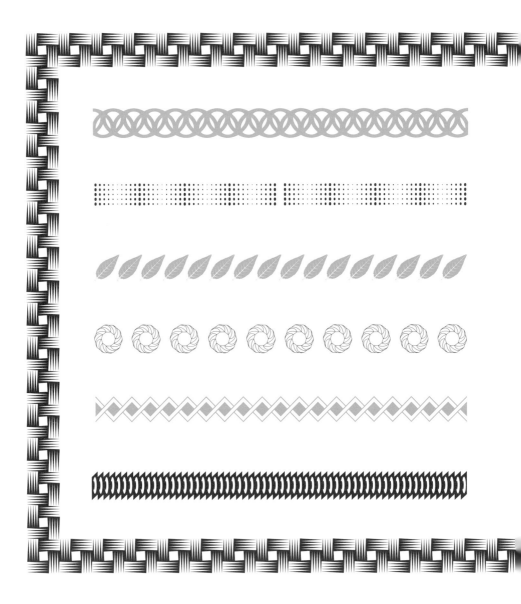

01 02 03 04 05 06 07

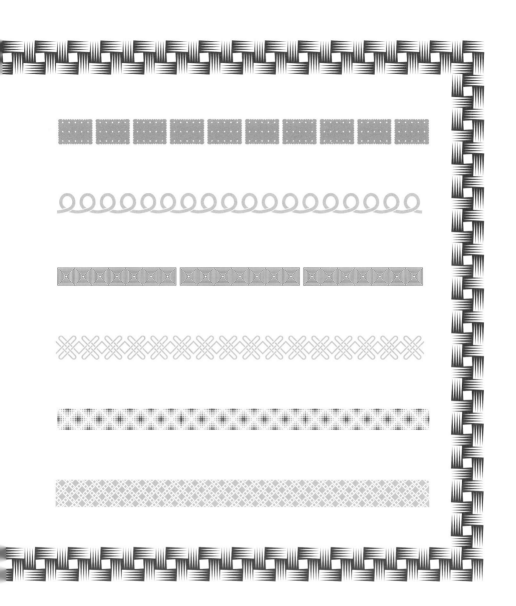

01 02 03 04 05 06

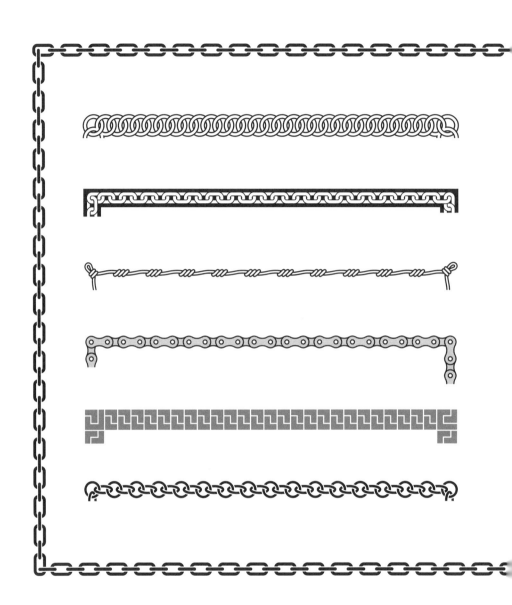

01 02 03 04 05 06 07

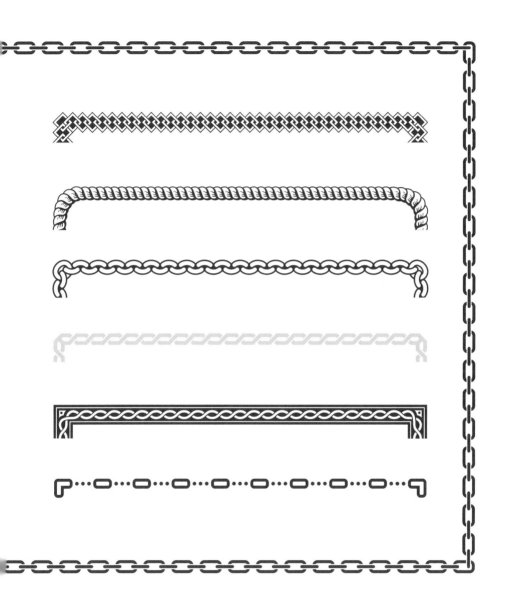

01 02 03 04 05 06

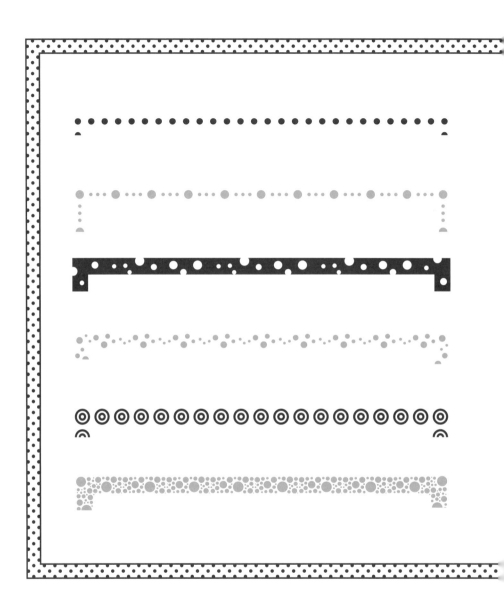

01 02 03 04 05 06 07

036

01 02 03 04 05 06

01 02 03 04 05 06 07

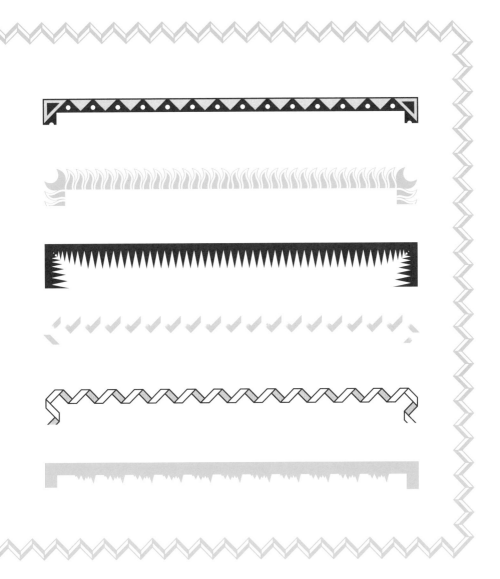

01 02 03 04 05 06

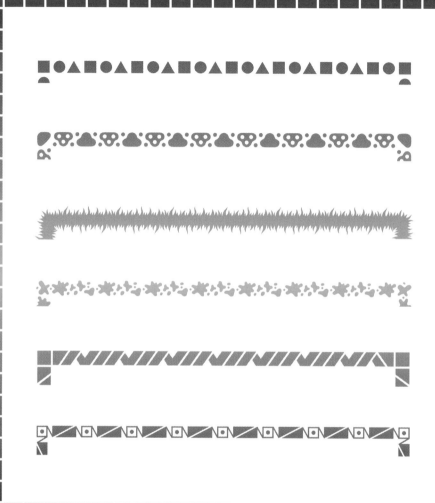

01　02　03　04　05　06　07

01　02　03　04　05　06

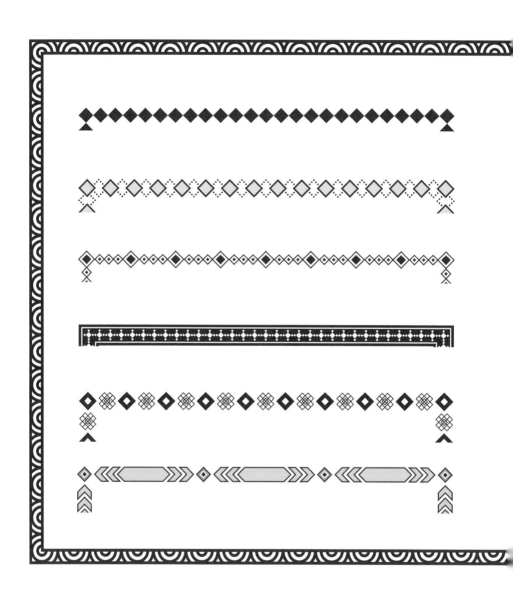

01 02 03 04 05 06 07

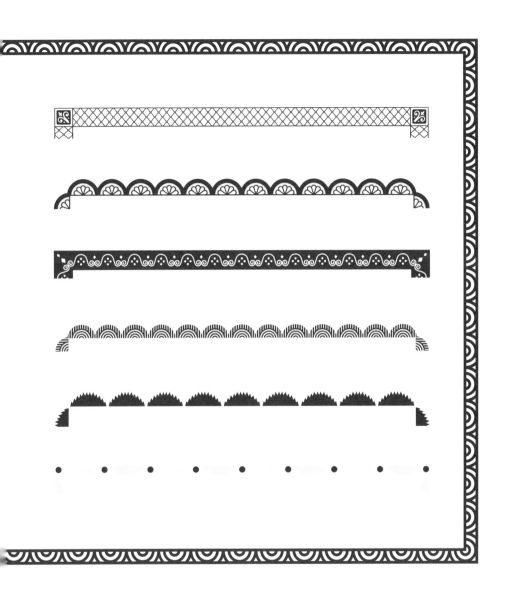

01　02　03　04　05　06

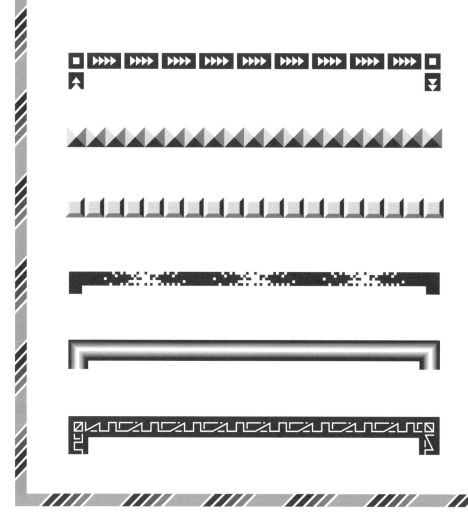

01 02 03 04 05 06 07

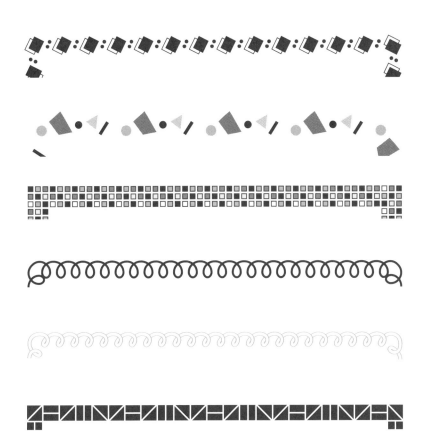

01 02 03 04 05 06

01 02 03 04 05 06 07

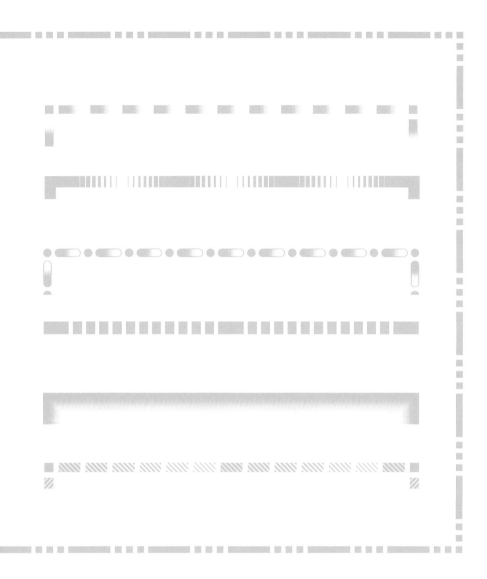

01 02 03 04 05 06

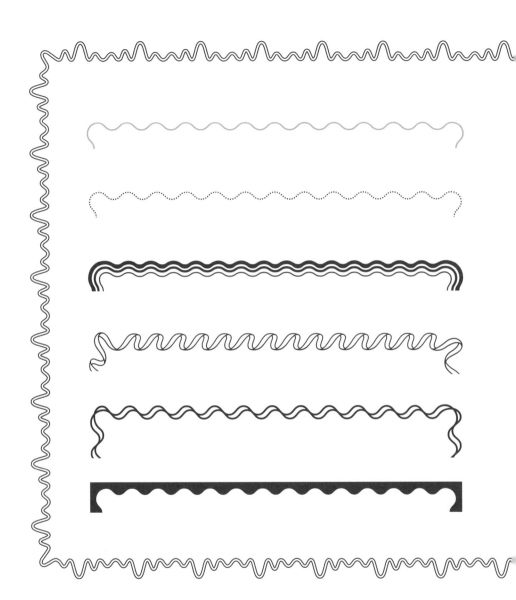

01 02 03 04 05 06 07

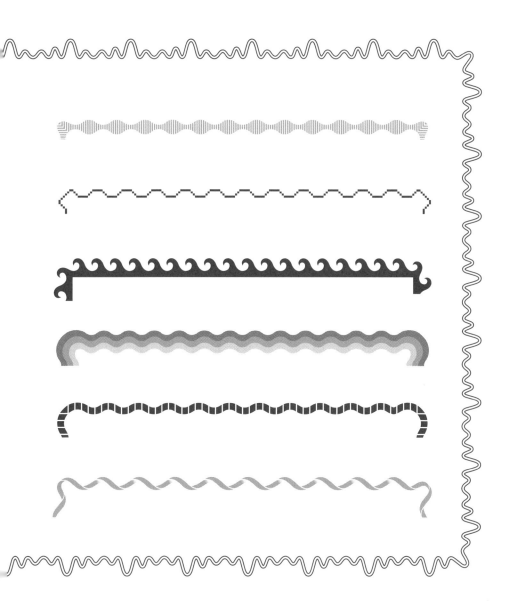

01 02 03 04 05 06

01 02 03 04 05 06

01 02 03 04 05 06

01 02 03 04 05 06 07

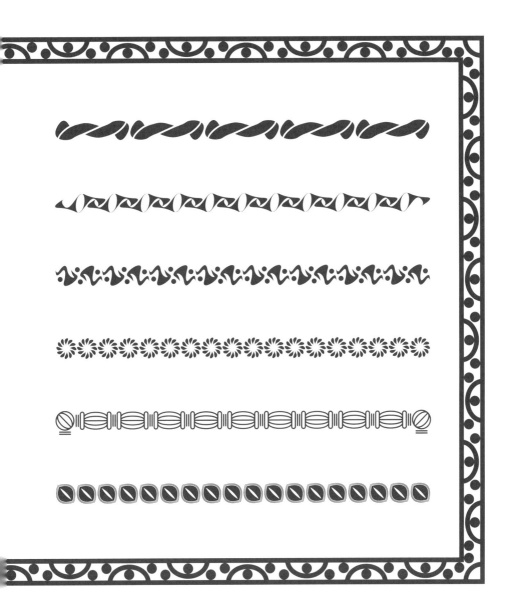

01 02 03 04 05 06

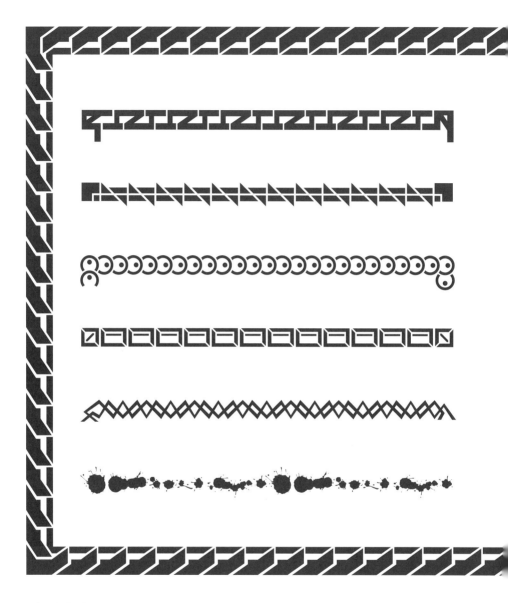

01 02 03 04 05 06 07

01 02 03 04 05 06

01 02 03 04 05 06 07

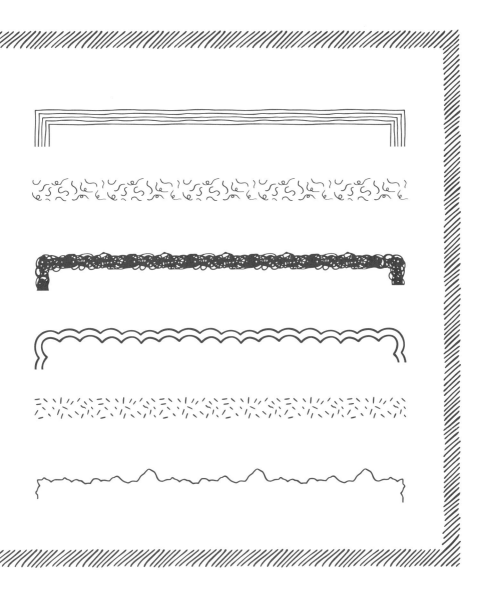

01 02 03 04 05 06

01　02　03　04　05　06

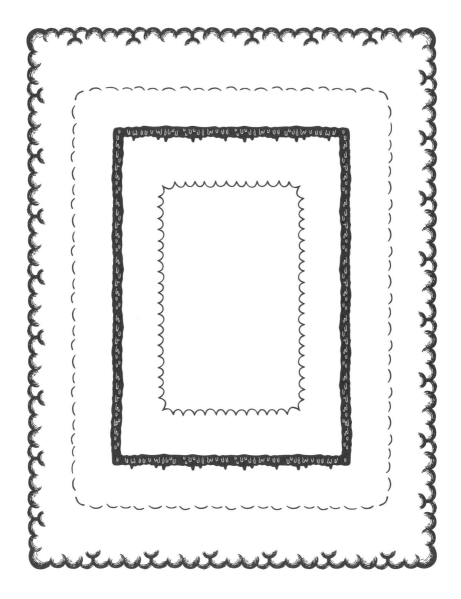

01　02　03　04

01 02 03 04

01 02 03 04 05 06 07

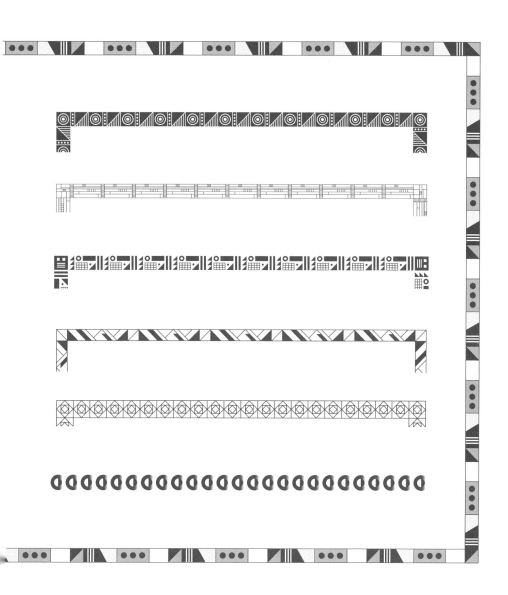

01 02 03 04 05 06

01 02 03 04 05 06 07

01 02 03 04 05 06

01 02 03 04 05 06 07

01 02 03 04 05 06

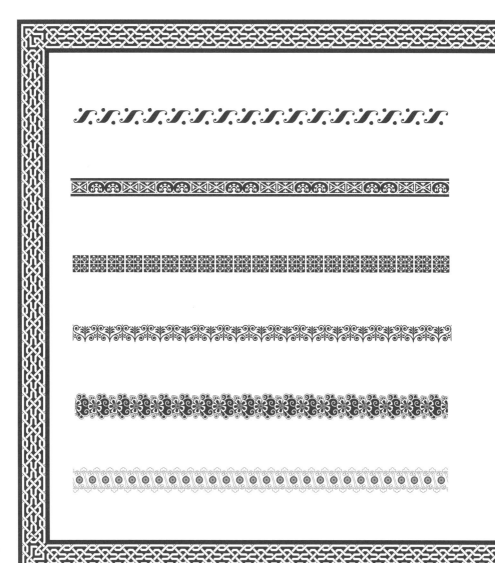

01 02 03 04 05 06 07

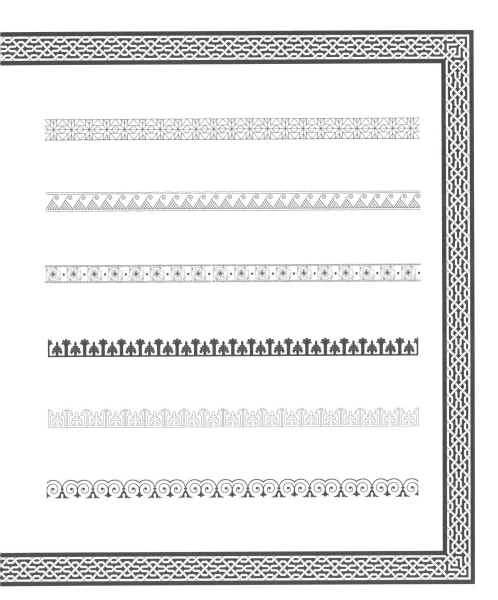

01 02 03 04 05 06

01 02 03 04 05 06 07

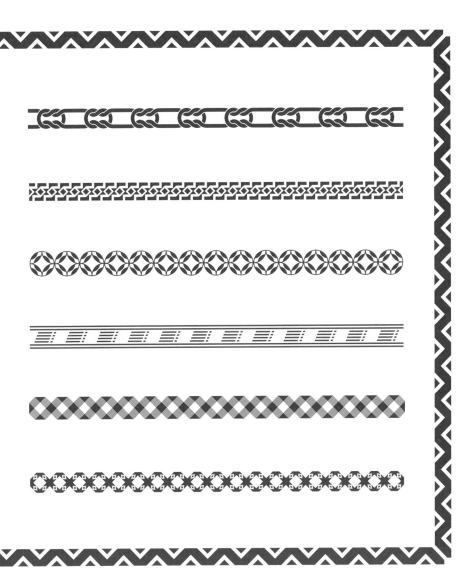

01 02 03 04 05 06

01 02 03 04 05 06 07

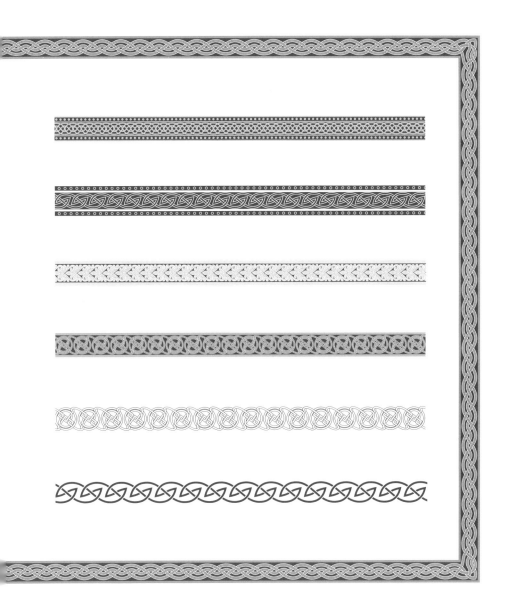

01 02 03 04 05 06

01 02 03 04 05 06 07

01 02 03 04 05 06

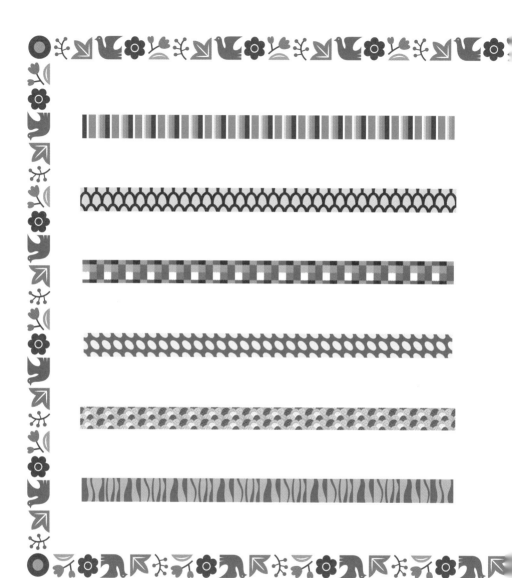

01 02 03 04 05 06 07

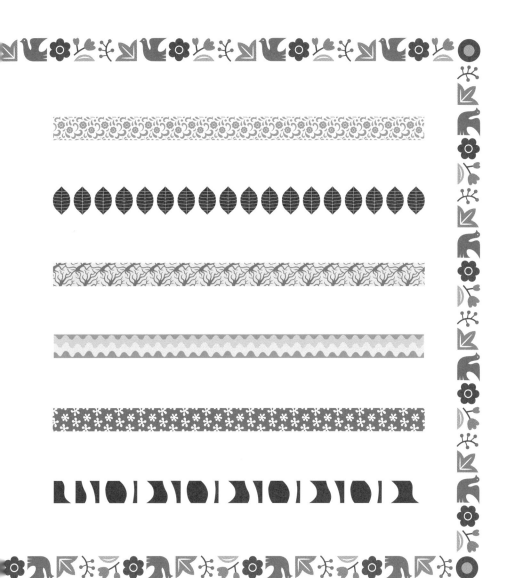

01 02 03 04 05 06

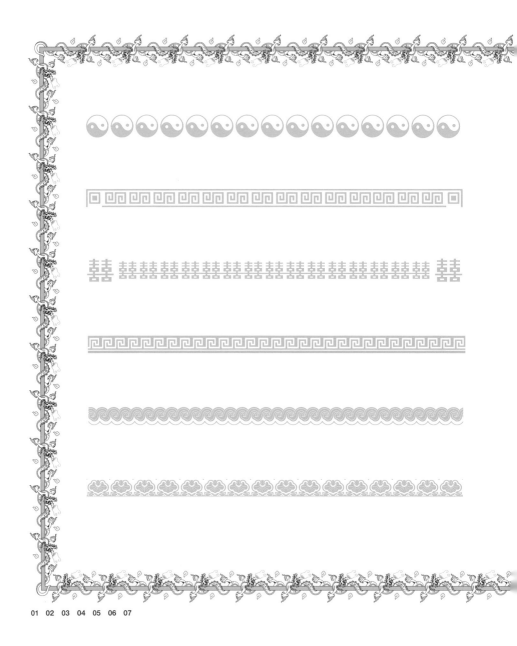

01 02 03 04 05 06 07

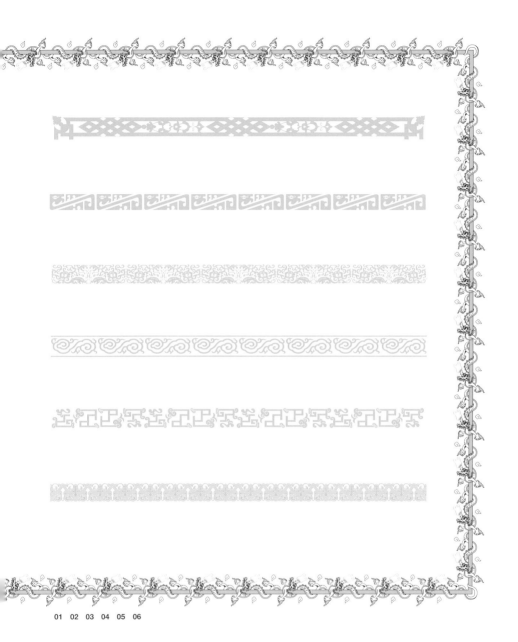

01 02 03 04 05 06

01 02 03 04 05 06 07

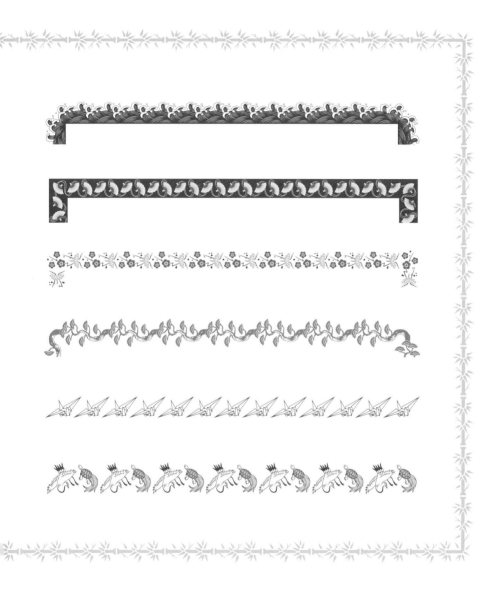

01　02　03　04　05　06

01　02　03　04　05　06　07

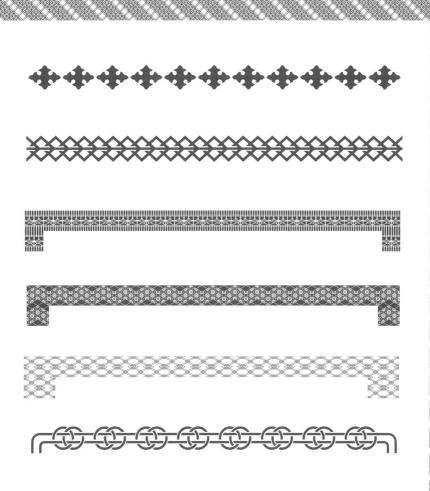

01 02 03 04 05 06

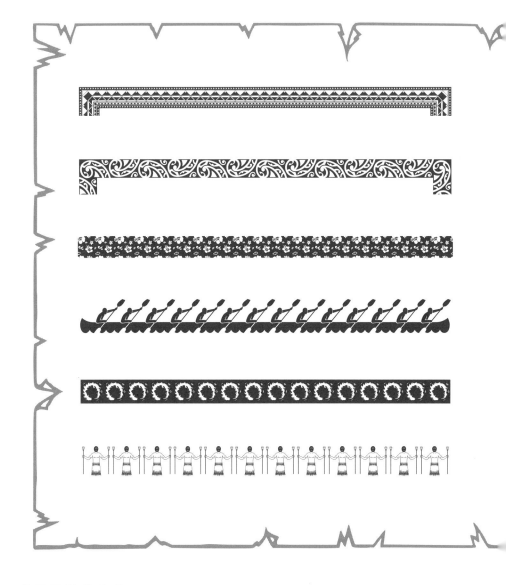

01　02　03　04　05　06　07

01 02 03 04 05 06

01 02 03 04 05 06 07

01 02 03 04 05 06

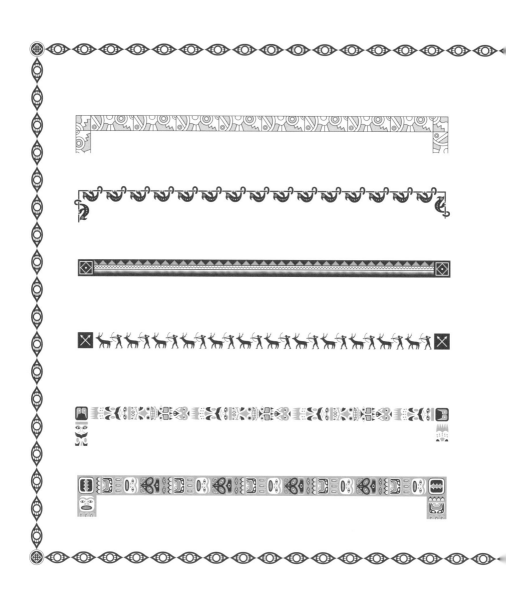

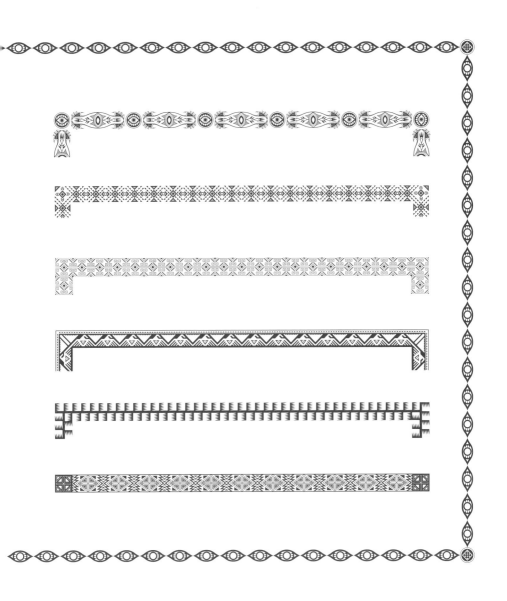

01 02 03 04 05 06

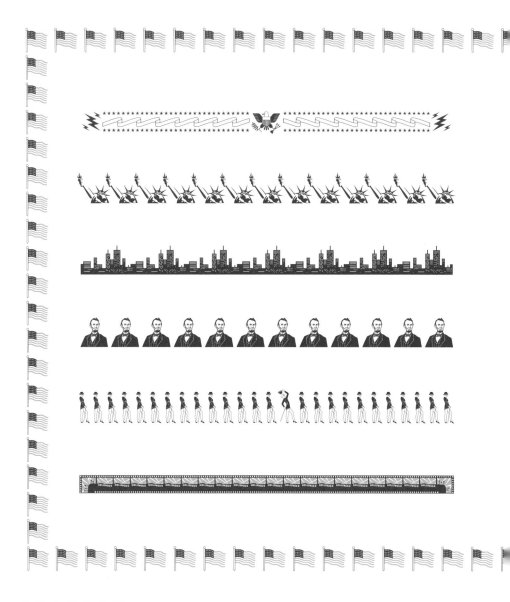

01 02 03 04 05 06 07

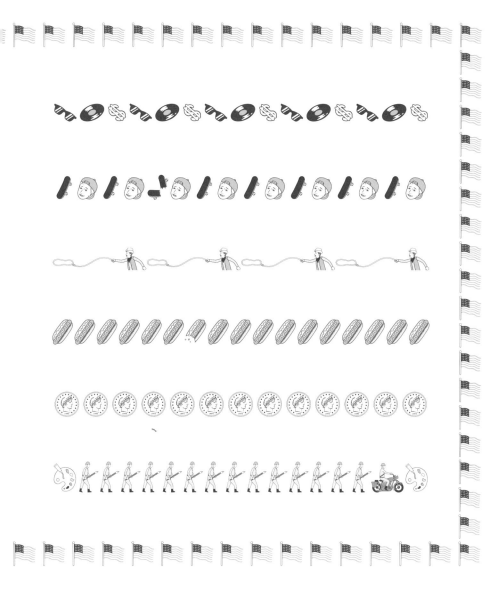

01 02 03 04 05 06

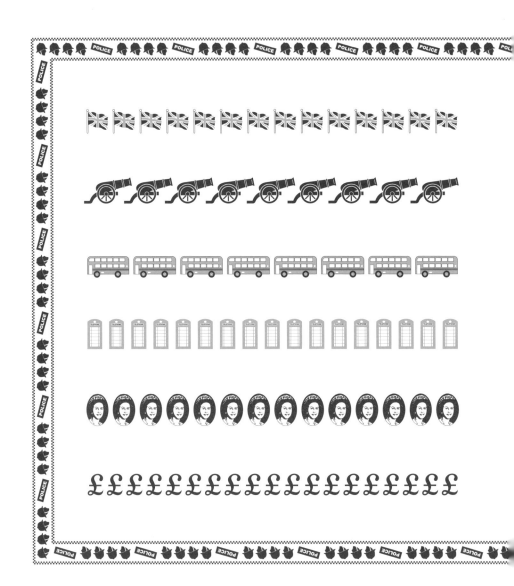

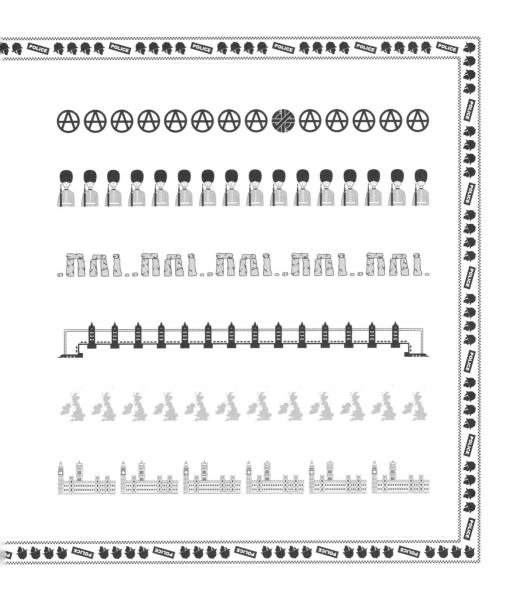

01 02 03 04 05 06

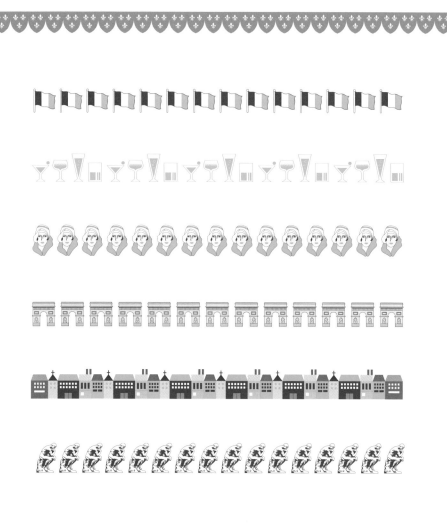

01　02　03　04　05　06　07

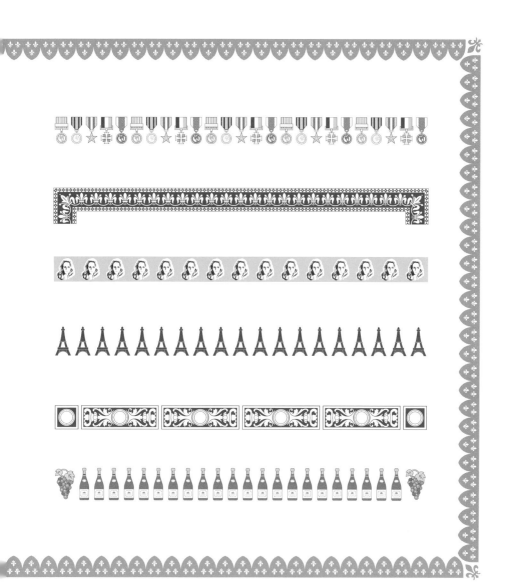

01　02　03　04　05　06

01 02 03 04

01 02 03 04

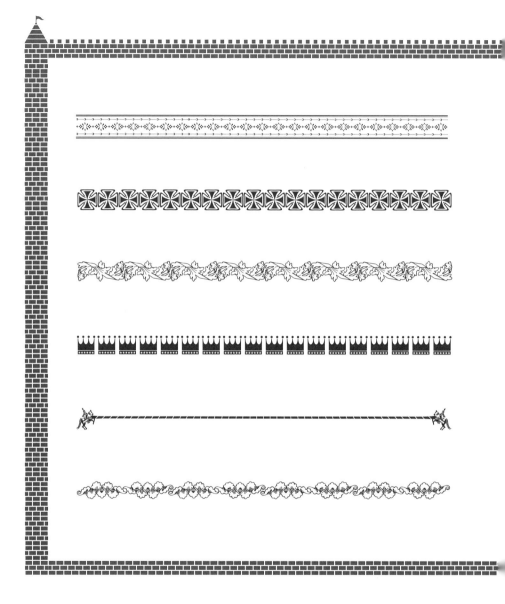

01 02 03 04 05 06 07

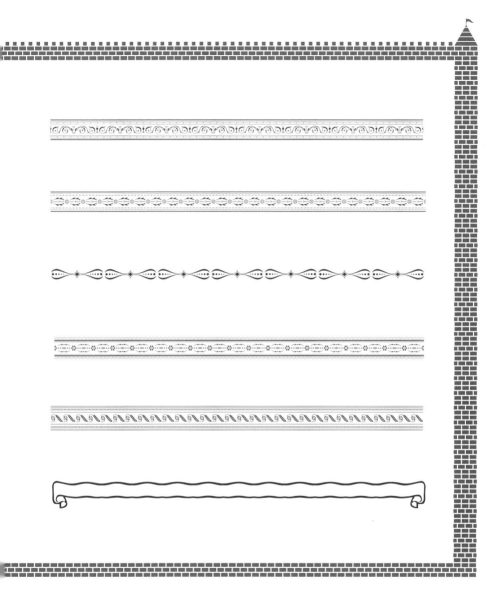

01 02 03 04 05 06

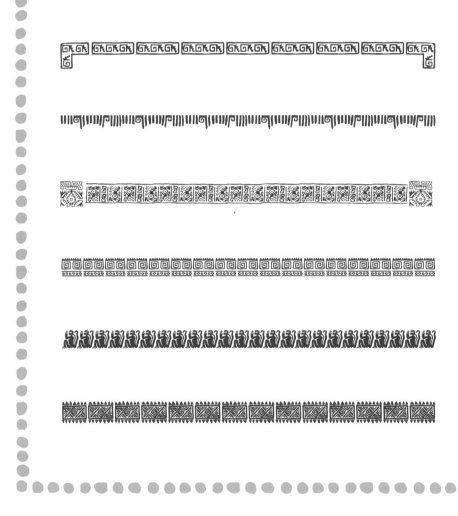

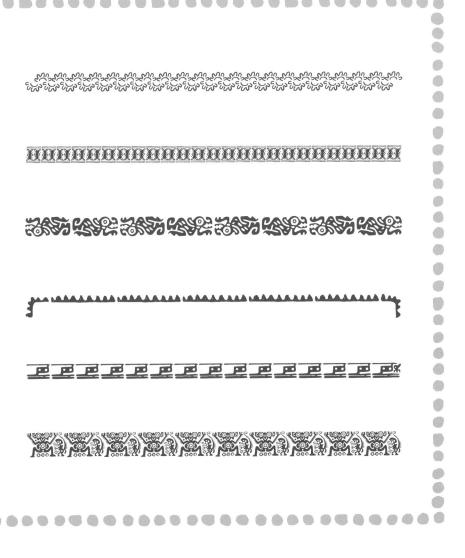

01 02 03 04 05 06

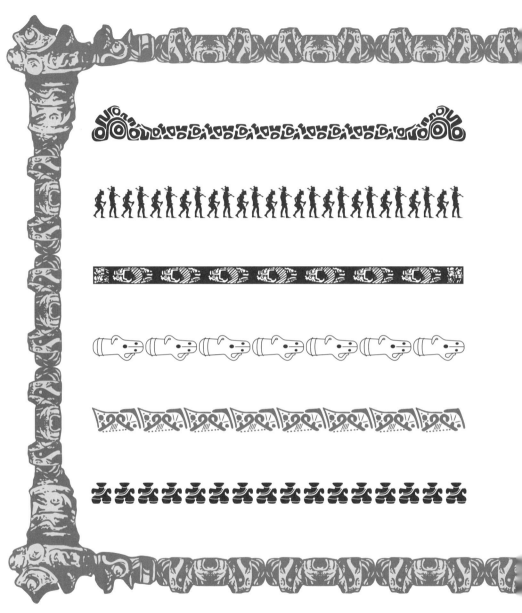

01 02 03 04 05 06

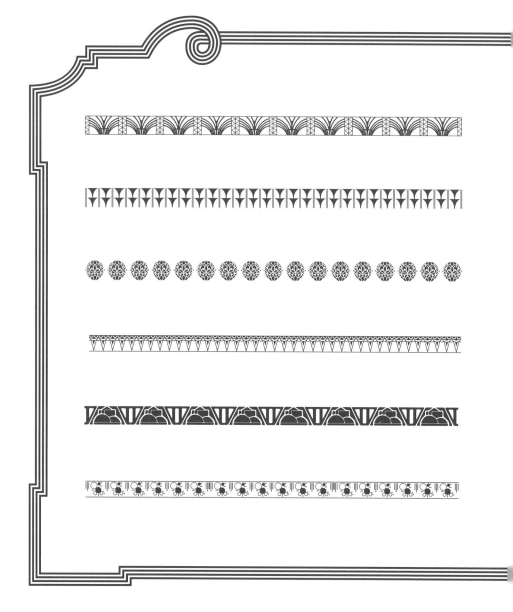

01　02　03　04　05　06　07

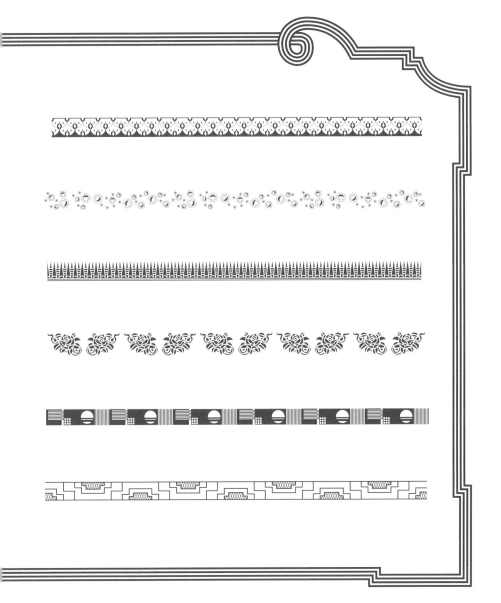

01 02 03 04 05 06

01 02 03 04 05

01 02 03 04

01 02 03 04 05 06 07

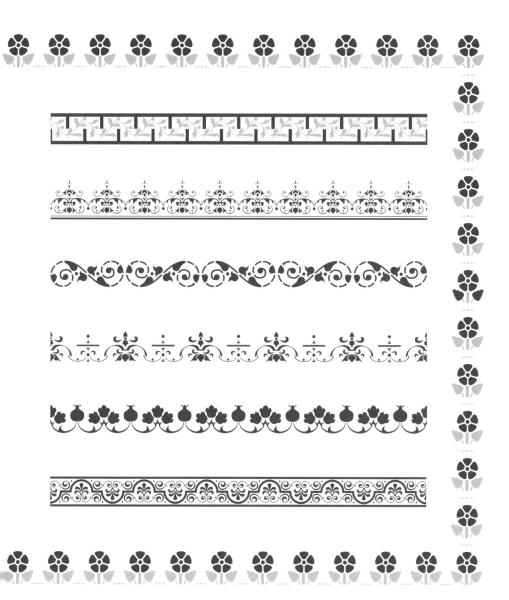

01 02 03 04 05 06

01　02　03　04

01 02 03 04

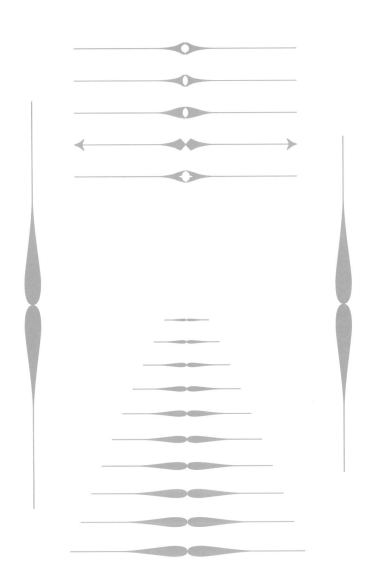

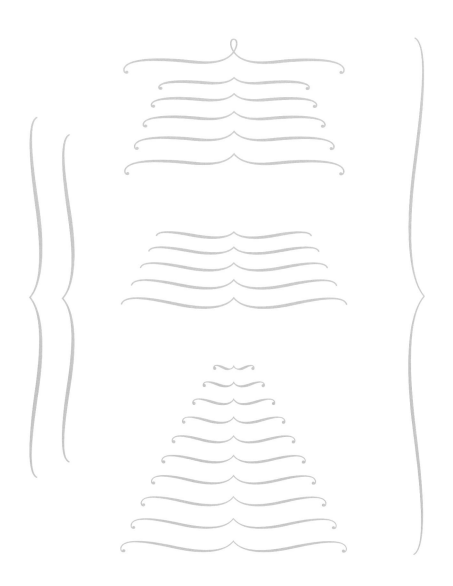

01 02 03 04 05 06 07

114

01 02 03 04 05 06

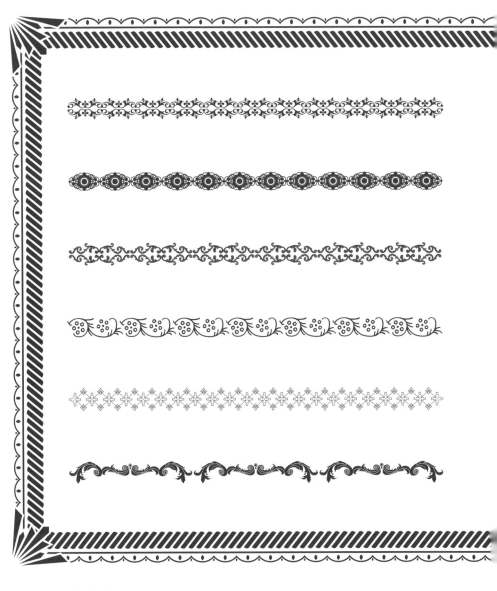

01 02 03 04 05 06 07

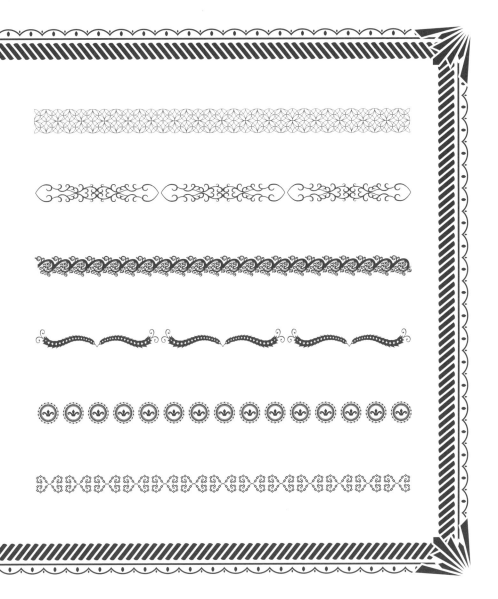

01 02 03 04 05 06

01 02 03 04 05 06 07

01 02 03 04 05 06

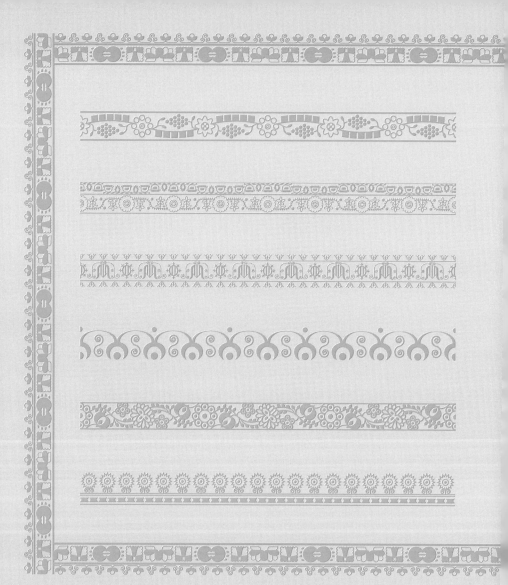

01　02　03　04　05　06　07

01 02 03 04 05 06

01 02 03 04 05 06 07

122

01 02 03 04 05 06

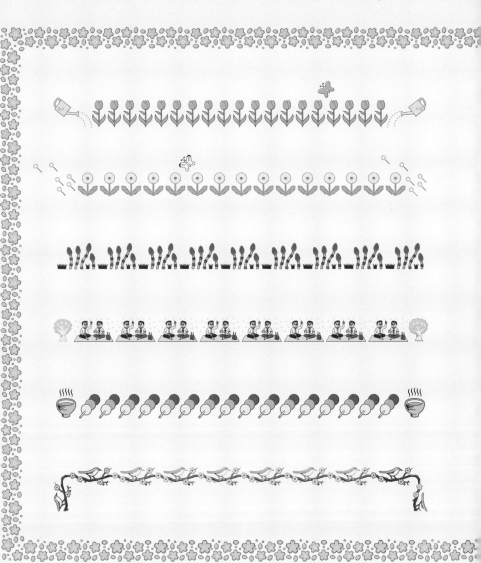

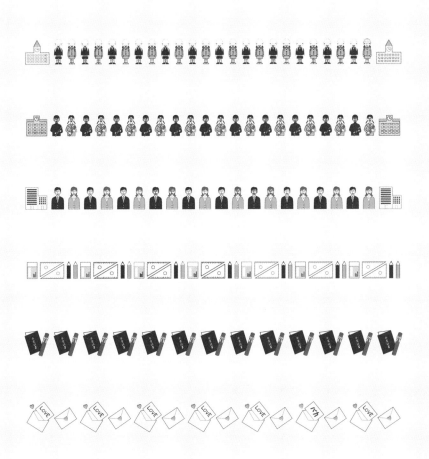

01 02 03 04 05 06

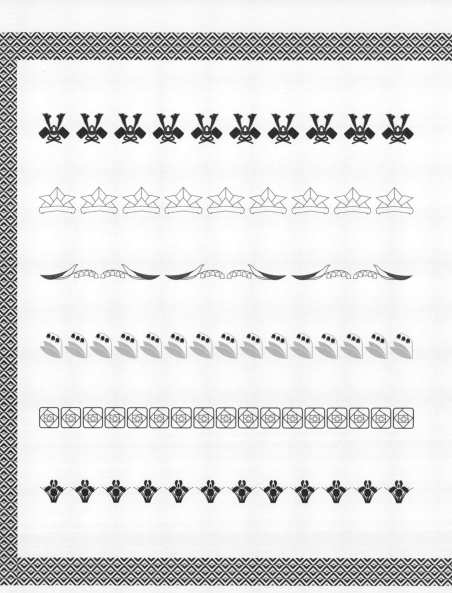

01 02 03 04 05 06 07

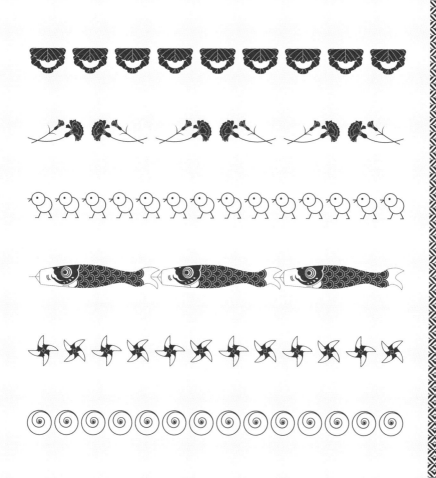

01 02 03 04 05 06

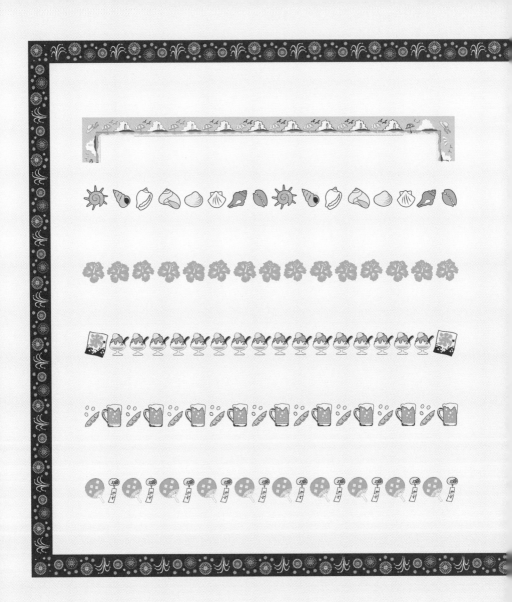

01 02 03 04 05 06 07

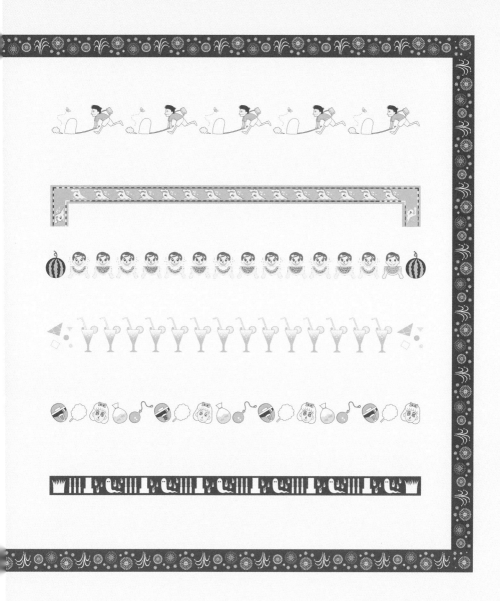

01 02 03 04 05 06

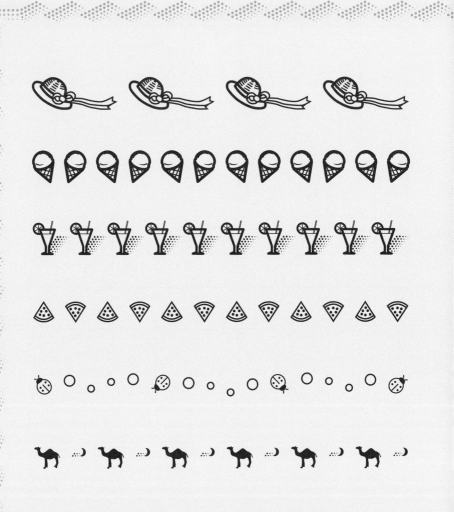

01 02 03 04 05 06 07

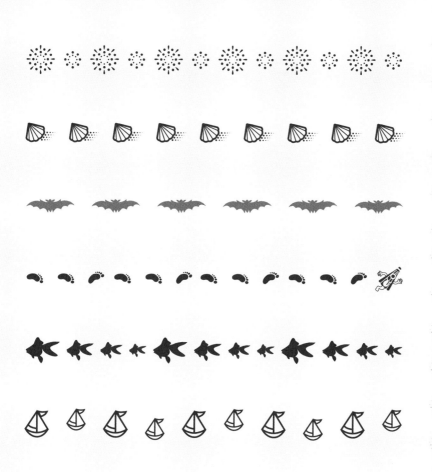

01 02 03 04 05 06

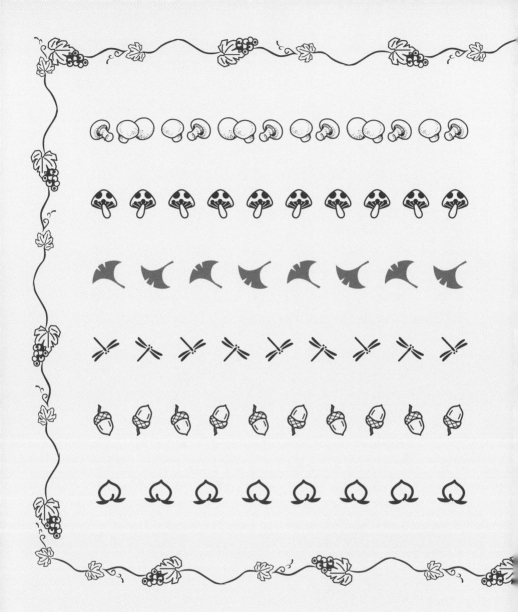

01 02 03 04 05 06 07

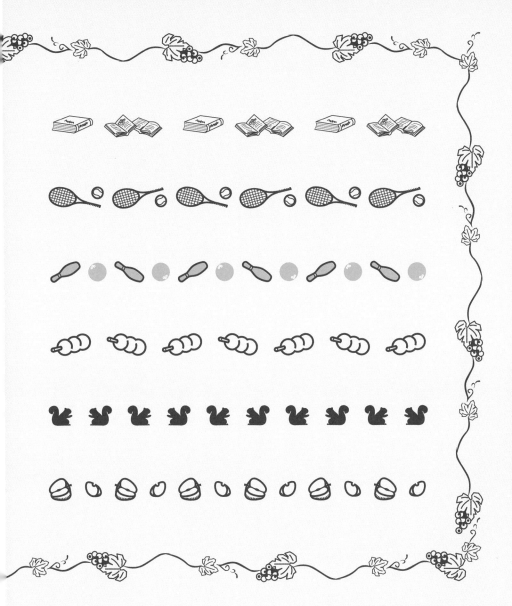

01 02 03 04 05 06

SEASONS / AUTUMN 1

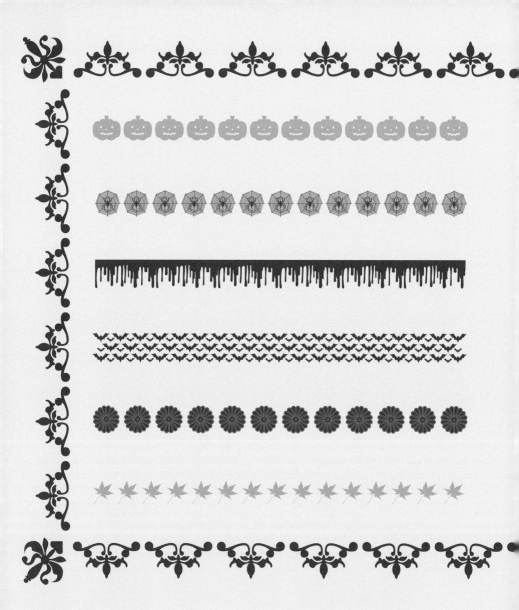

01 02 03 04 05 06 07

01 02 03 04 05 06

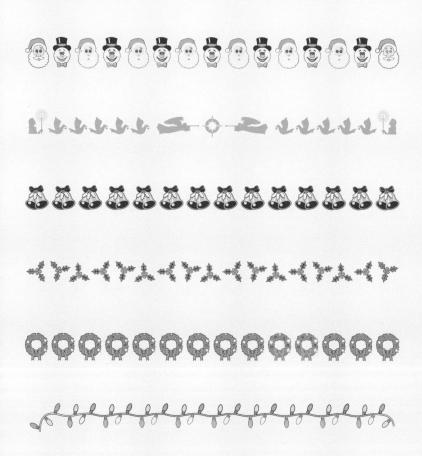

01 02 03 04 05 06 07

136

01 02 03 04 05 06

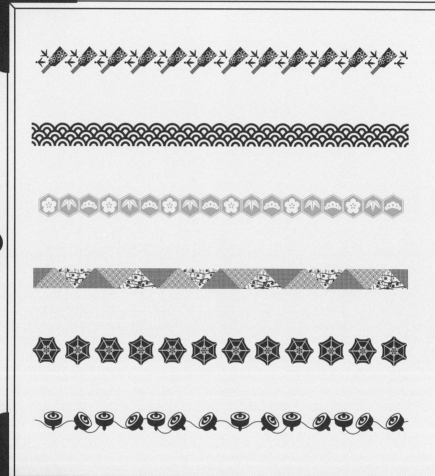

01 02 03 04 05 06 07

138

01　02　03　04　05　06

SEASONS / WINTER 2 (NEW YEAR)　　139

01 02 03 04 05 06 07

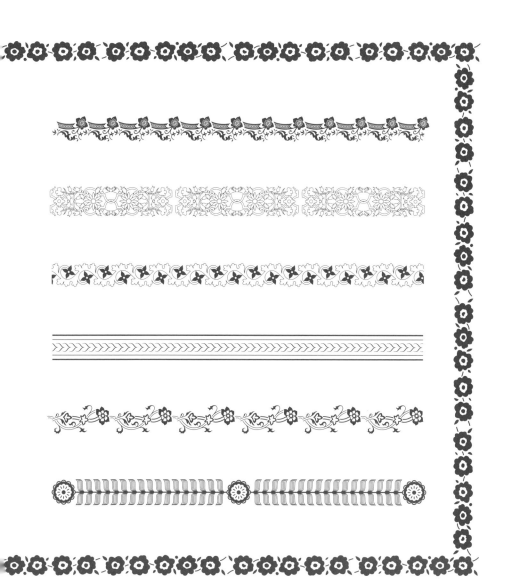

01　02　03　04　05　06

01 02 03 04 05 06 07

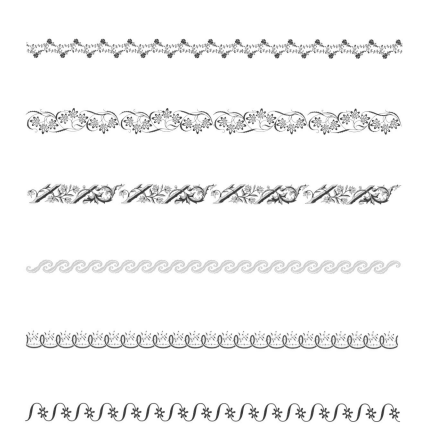

01 02 03 04 05 06

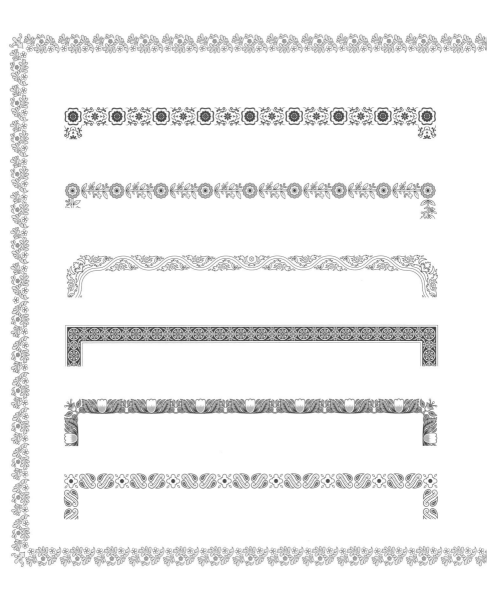

01 02 03 04 05 06 07

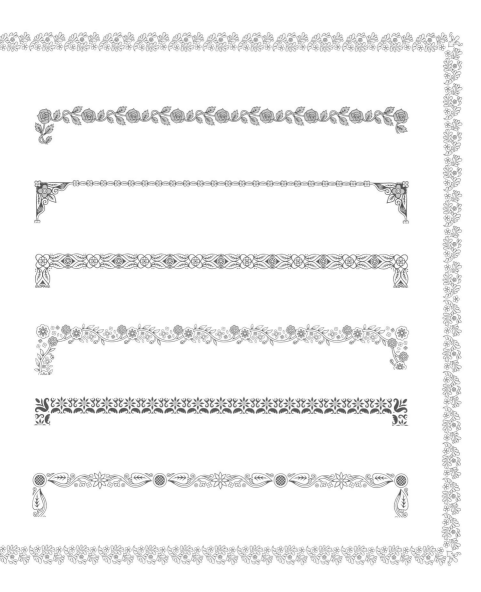

01　02　03　04　05　06

01 02 03 04 05 06 07

01 02 03 04 05 06

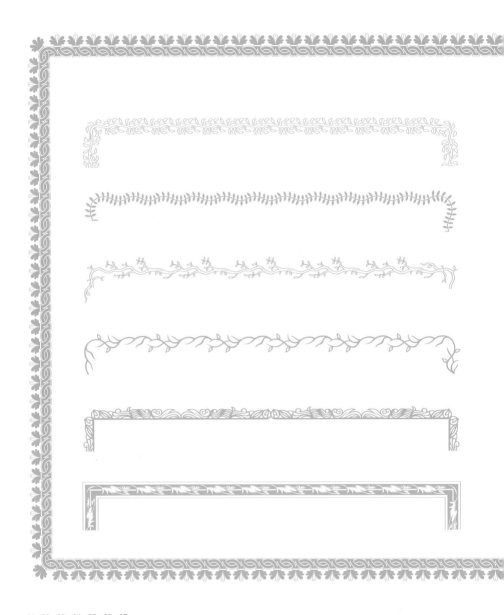

01　02　03　04　05　06　07

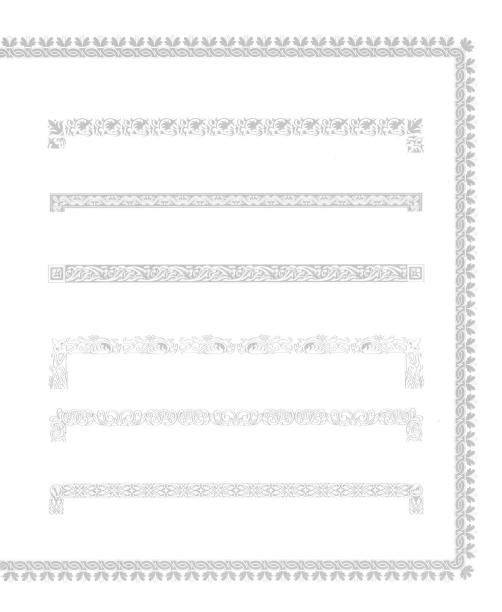

01 02 03 04 05 06

01 02 03 04

01 02 03

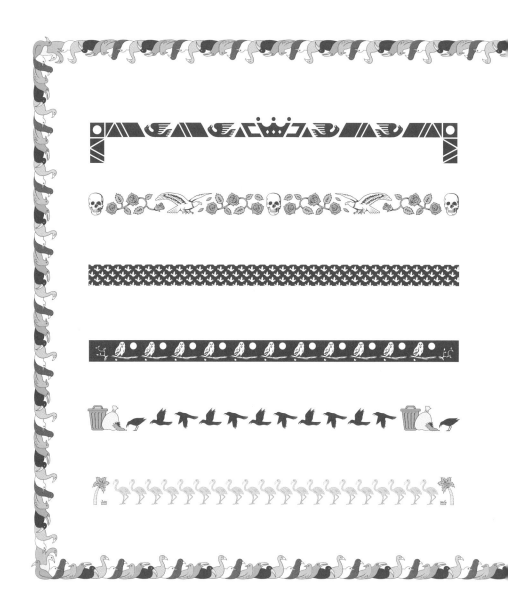

01   02   03   04   05   06   07

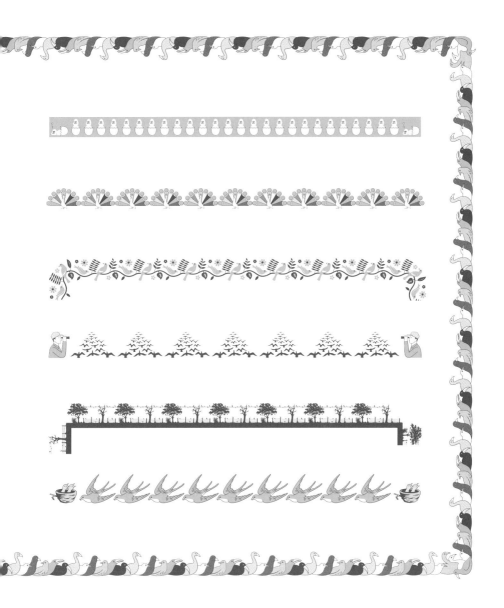

01 02 03 04 05 06

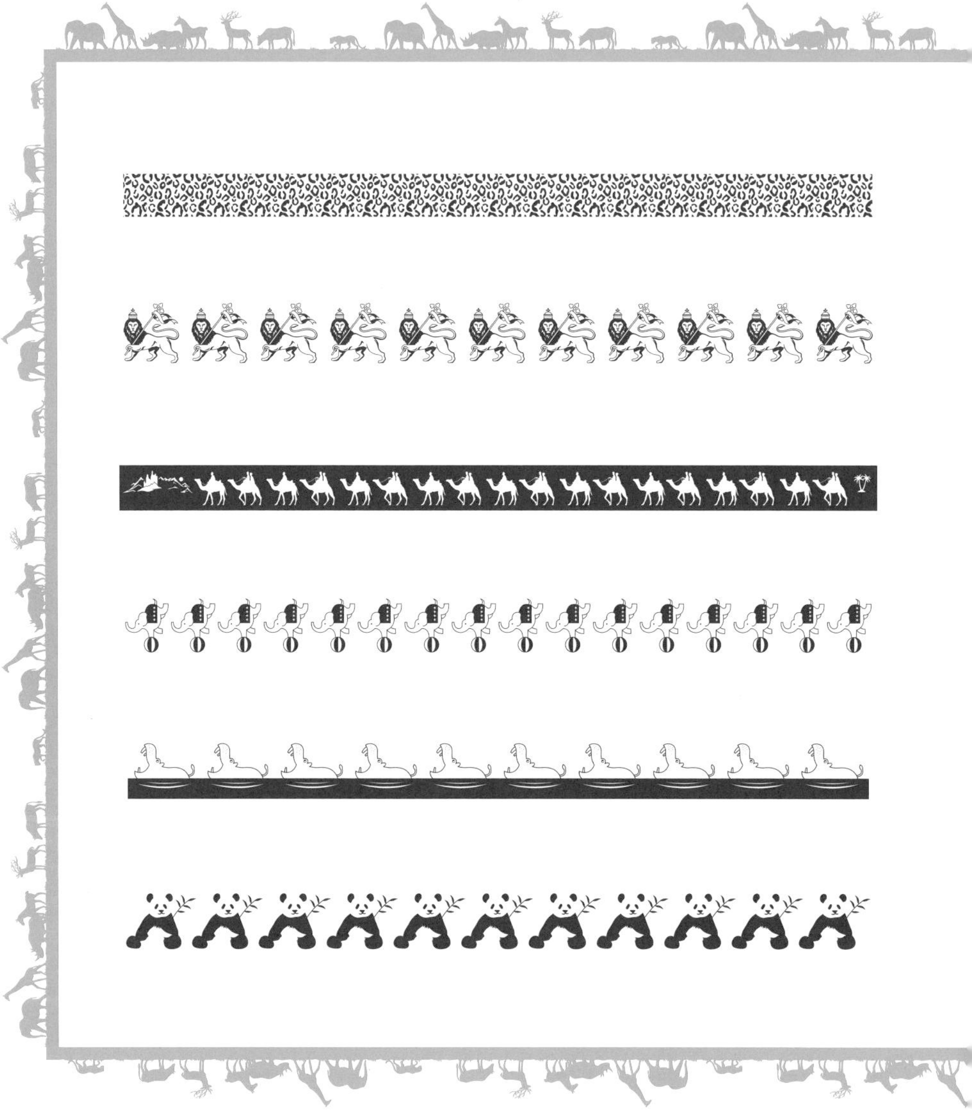

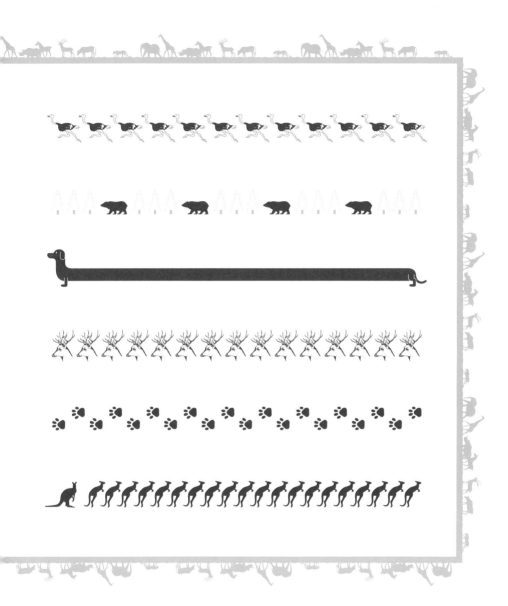

01 02 03 04 05 06

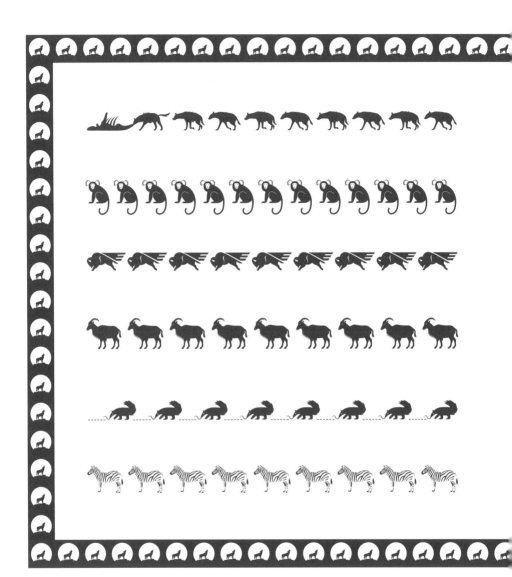

01 02 03 04 05 06 07

156

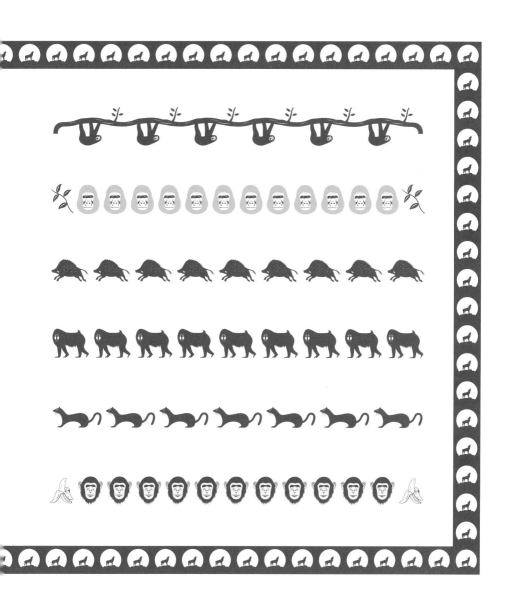

01 02 03 04 05 06 07

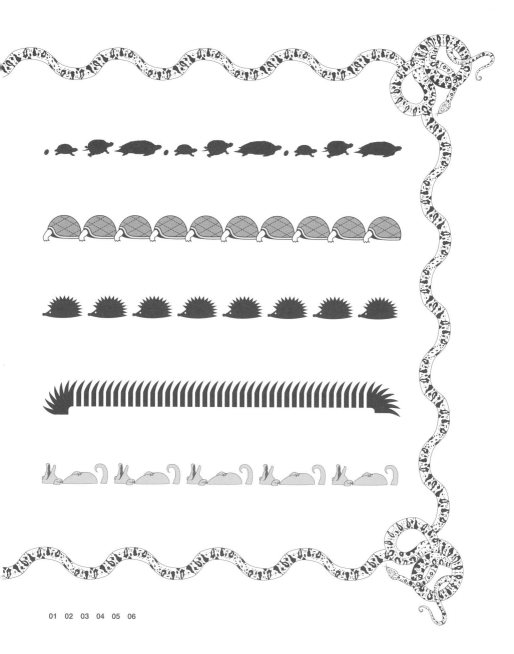

01 02 03 04 05 06

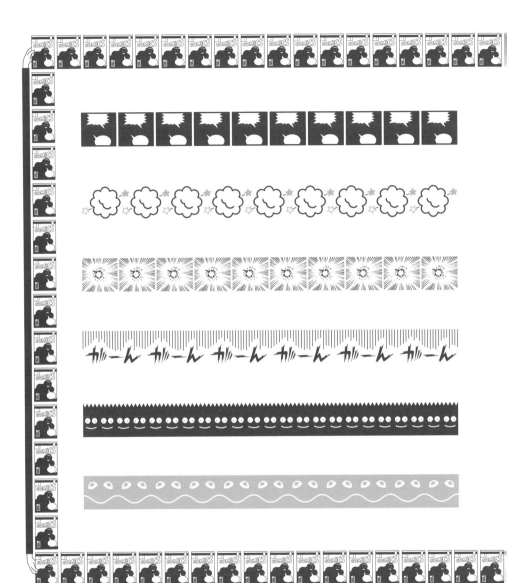

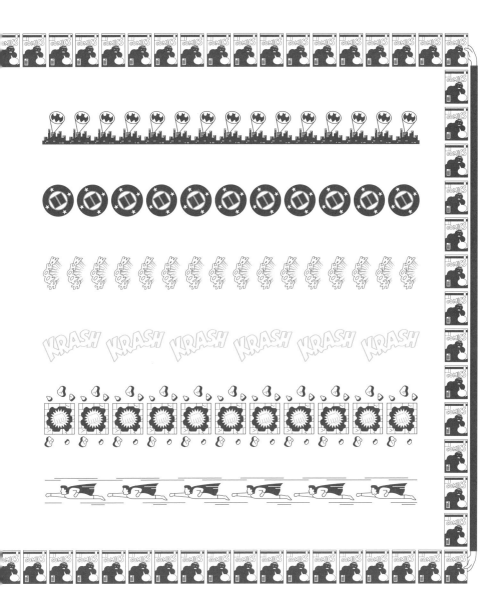

01   02   03   04   05   06

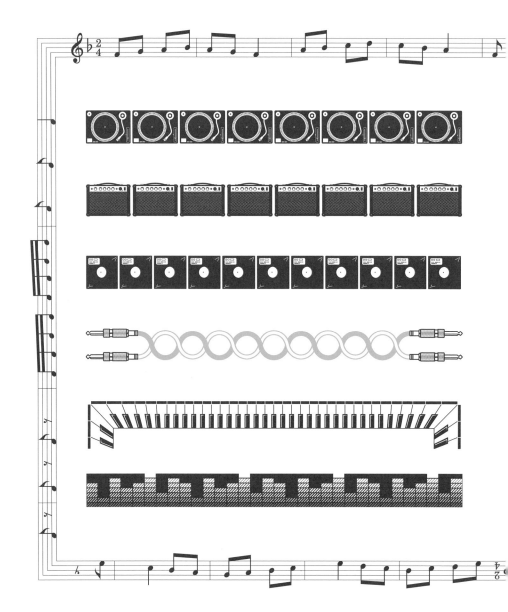

01 02 03 04 05 06 07

162

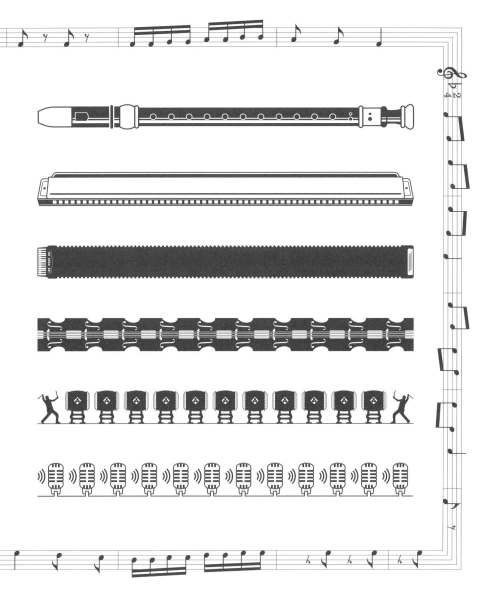

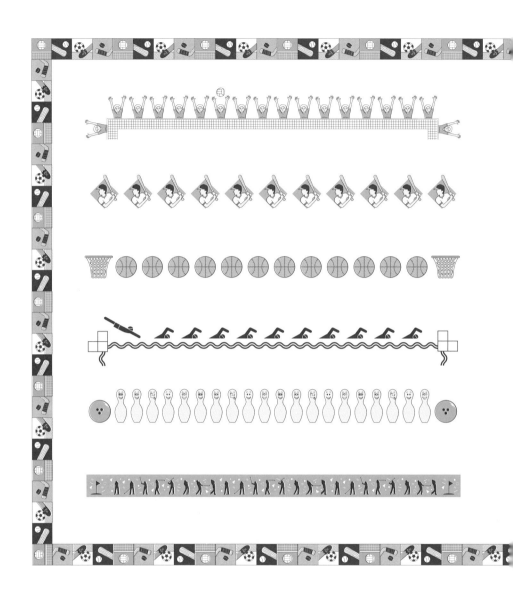

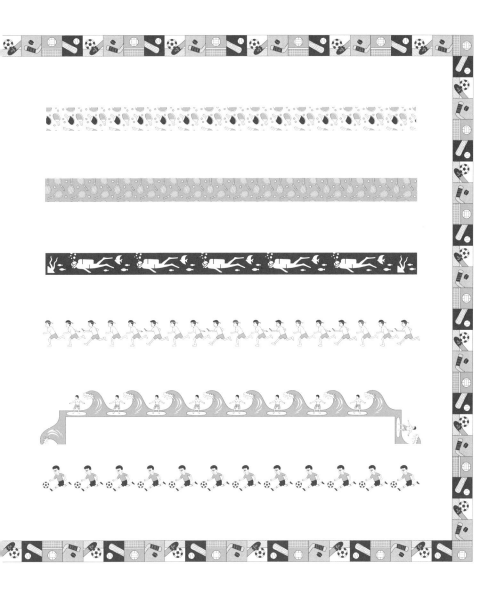

01 02 03 04 05 06

01 02 03 04 05 06 07

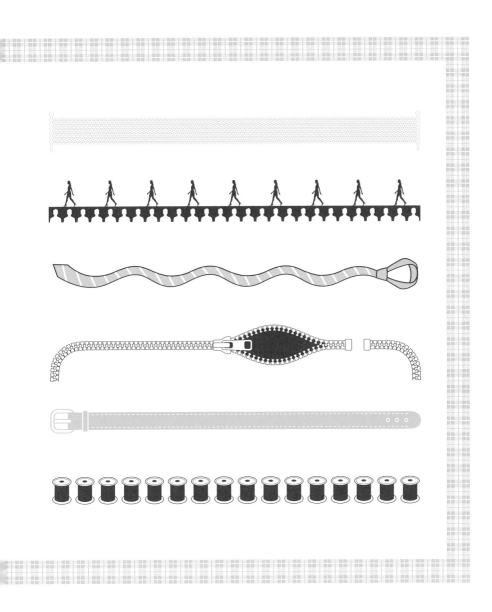

01 02 03 04 05 06

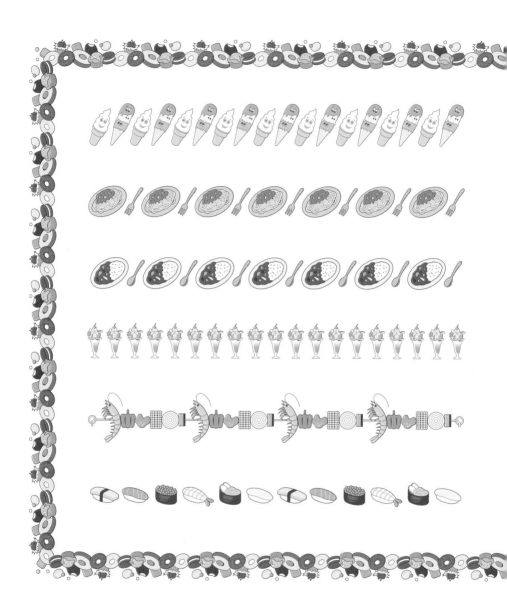

01 02 03 04 05 06

01 02 03 04 05 06 07

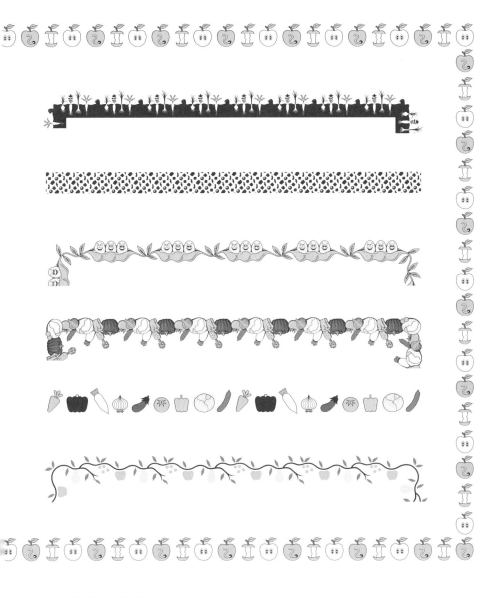

01 02 03 04 05 06

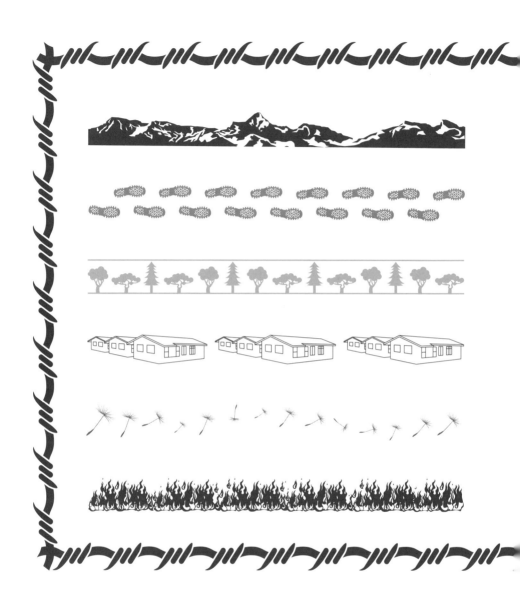

01 02 03 04 05 06 07

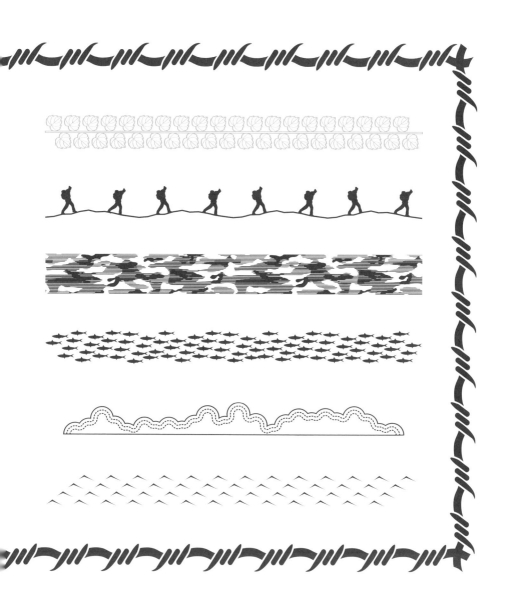

01 02 03 04 05 06

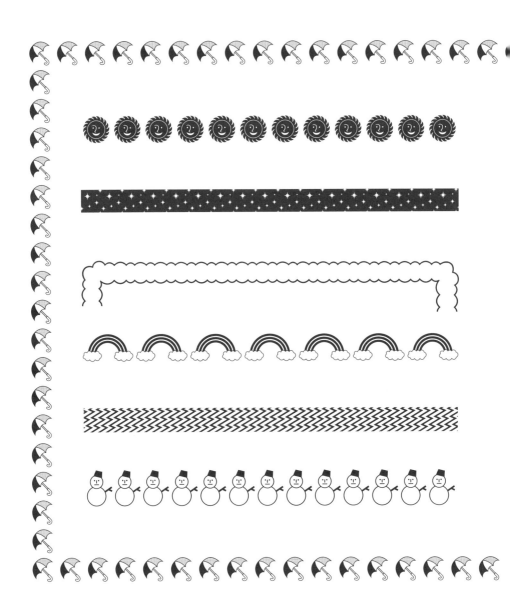

01 02 03 04 05 06 07

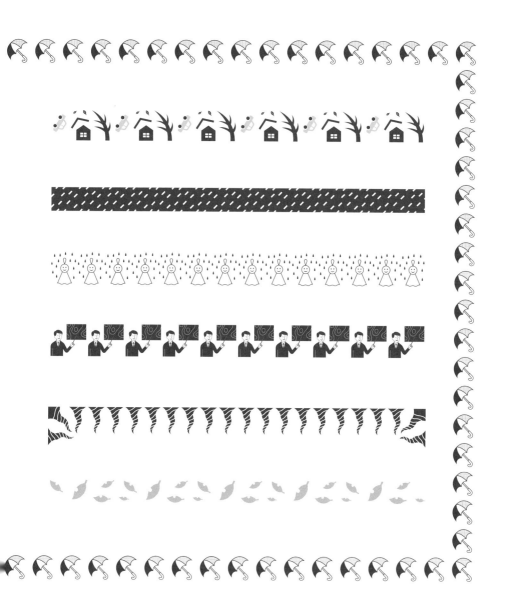

01 02 03 04 05 06

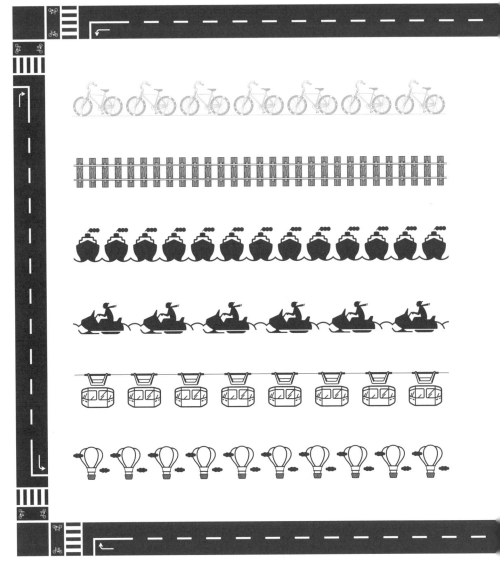

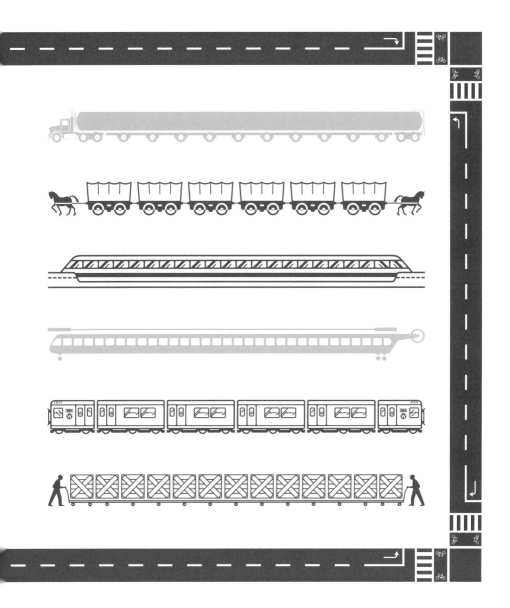

01 02 03 04 05 06

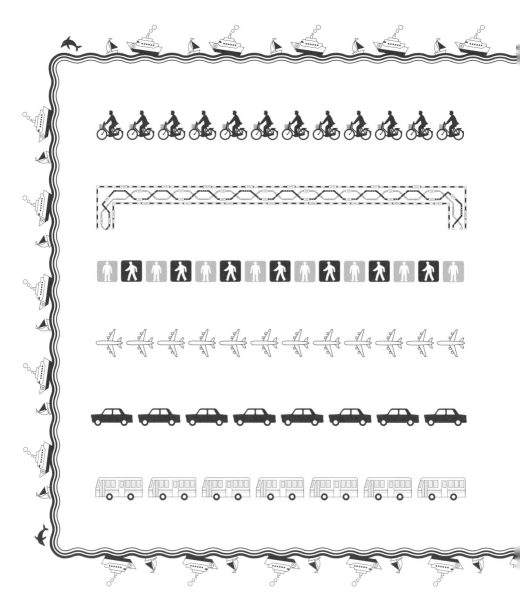

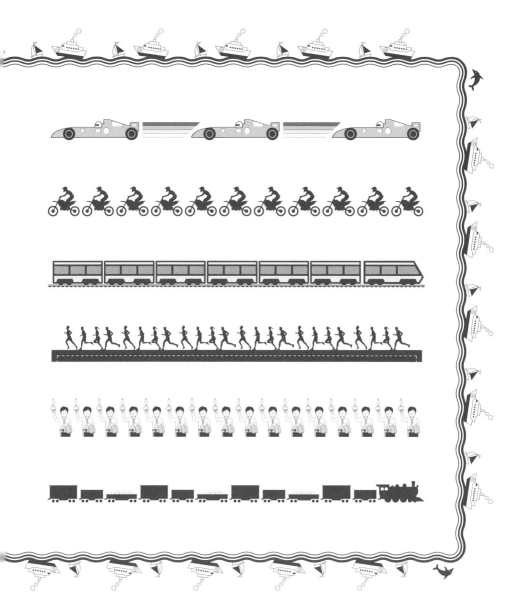

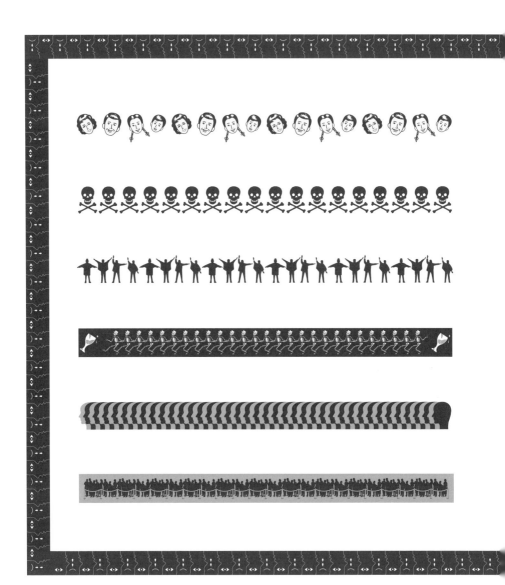

01 02 03 04 05 06 07

01 02 03 04 05 06

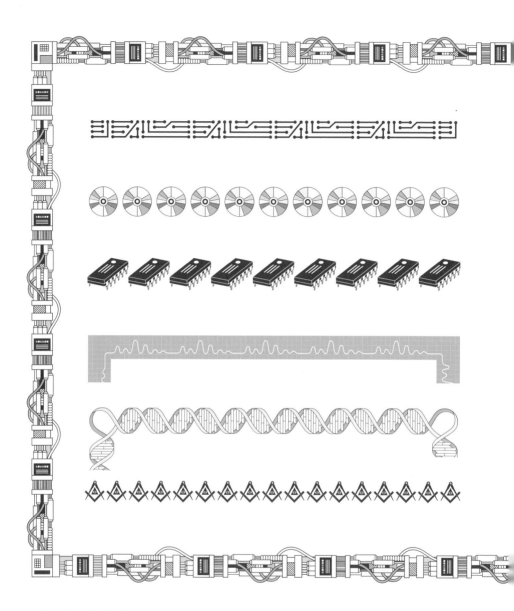

01 02 03 04 05 06 07

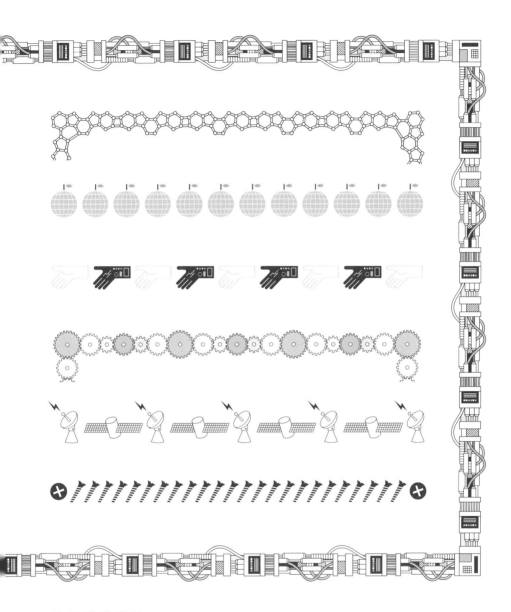

01 02 03 04 05 06

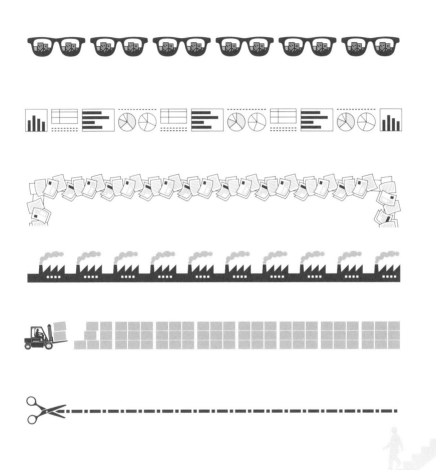

01 02 03 04 05 06

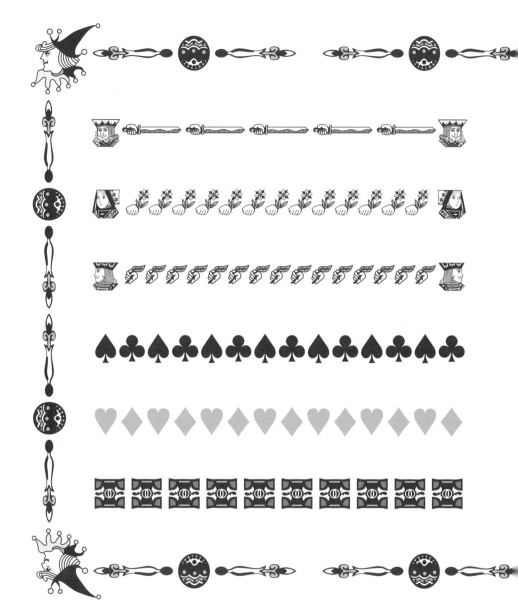

01   02   03   04   05   06   07

186

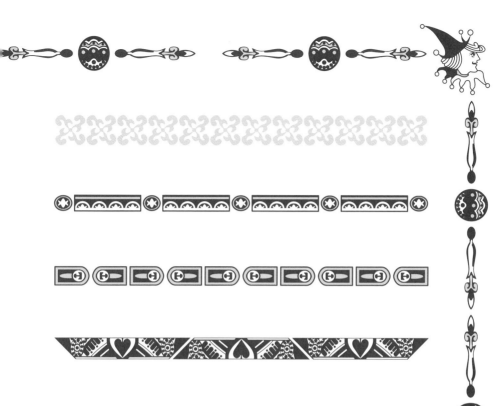

01   02   03   04   05   06

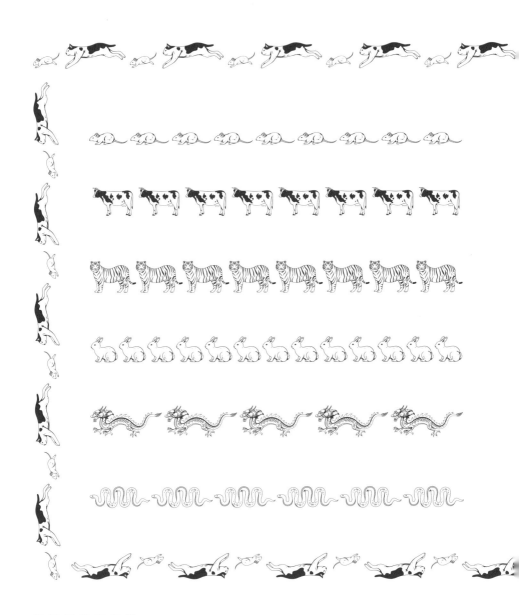

01 02 03 04 05 06 07

188

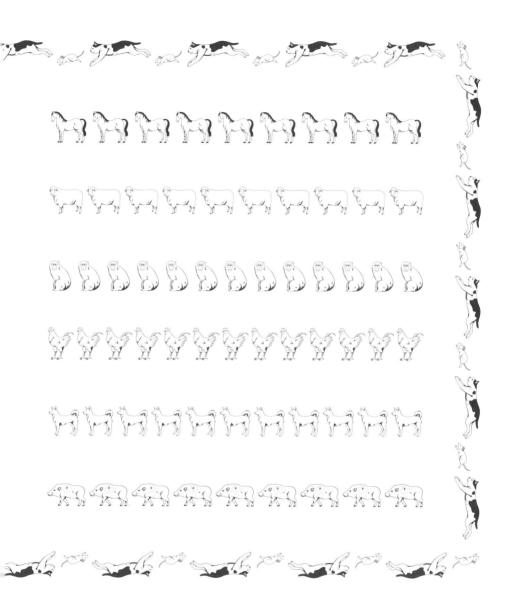

01 02 03 04 05 06

01　02　03　04　05　06　07

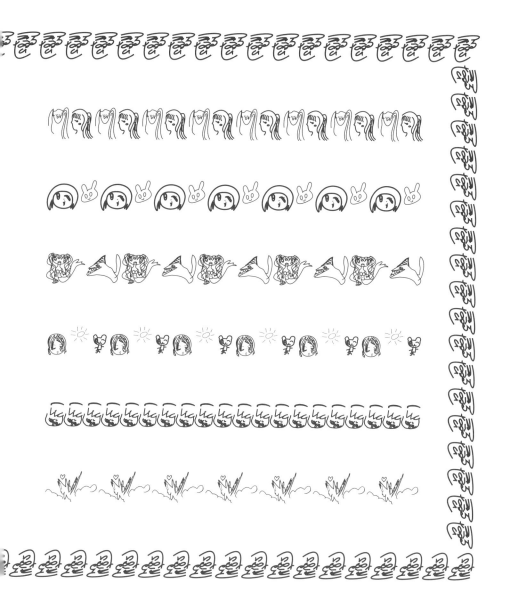

01 02 03 04 05 06

01 02 03 04

01 02 03 04

01 02 03 04 05 06 07 08 09 10 11

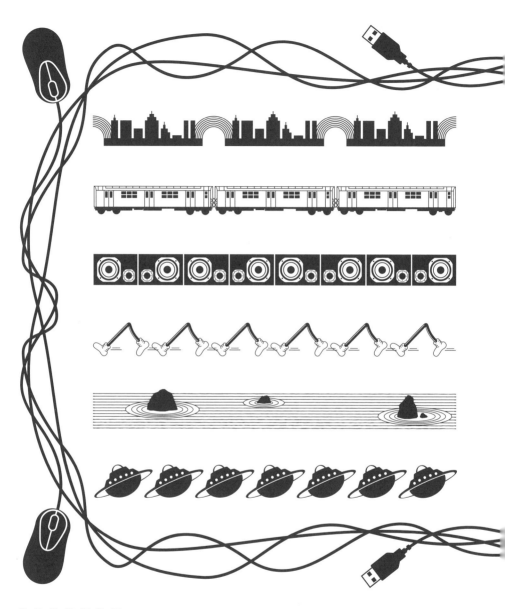

01 02 03 04 05 06 07

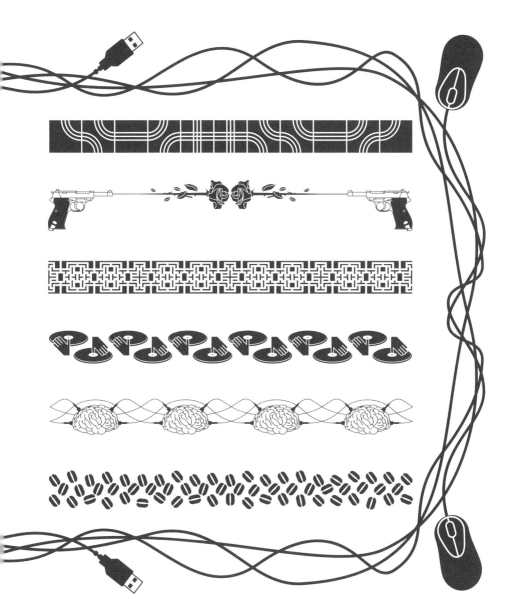

01 02 03 04 05 06

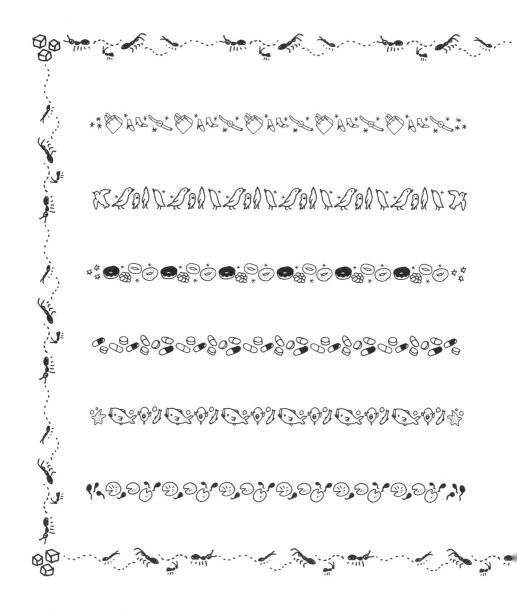

01 02 03 04 05 06 07

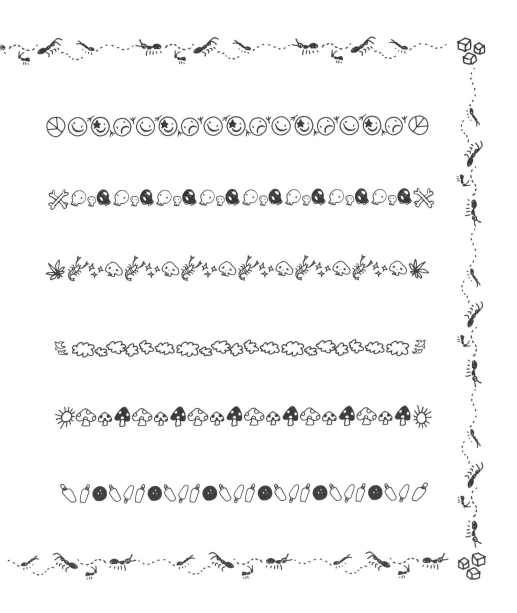

01 02 03 04 05 06

01 02 03 04 05 06 07 08 09 10 11 12 13 14

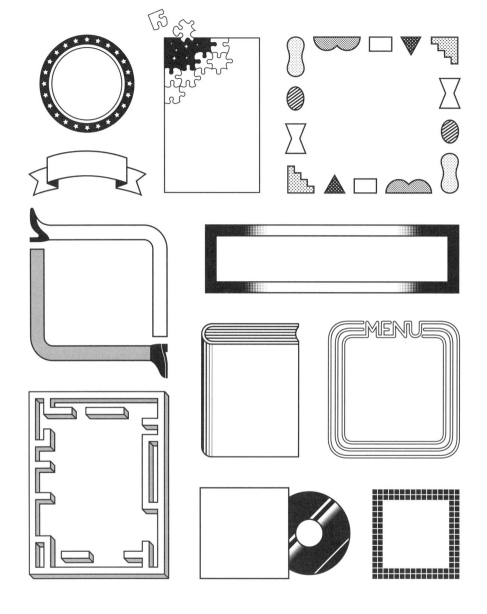

FREE STYLE SCRAPS ⑬
FRAME/LINE フレーム / ライン

2006 年 11 月 25 日　初版第 1 刷発行
2008 年 1 月 15 日　初版第 2 刷発行

編集・デザイン：	4D2A
イラスト：	4D2A
	大川久志
	坂上聡之
	塚田広
	坂脇慶
	黒川知希
	AMG design
	広岡毅
翻訳：	R.I.C. 出版株式会社
発行人：	籔内康一
発行所：	株式会社ビー・エヌ・エヌ新社
	〒 104-0042
	東京都中央区入船 3-7-2
	35 山京ビル 1F
	Fax. 03-5543-3108
	Email:info@bnn.co.jp
印刷・製本：	株式会社 シナノ

©2006 4D2A
Printed in Japan
ISBN 4-86100-434-9